会计名家培养工程学术成果库——**研究报告**系列丛书

中国企业股权结构若干特征研究
——理论分析与经验证据

Chinese Firm's
Ownership Characteristics:
Theoretical Analysis and Empirical Evidence

魏明海 程敏英 蔡贵龙 黄琼宇 ◎ 著

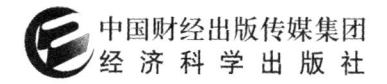

中国财经出版传媒集团
经济科学出版社

图书在版编目（CIP）数据

中国企业股权结构若干特征研究：理论分析与经验证据/魏明海等著.—北京：经济科学出版社，2018.5
（会计名家培养工程学术成果库.研究报告系列丛书）
ISBN 978-7-5141-9299-5

Ⅰ.①中… Ⅱ.①魏… Ⅲ.①企业经济－股份制经济－股权结构－研究－中国 Ⅳ.①F279.246

中国版本图书馆 CIP 数据核字（2018）第 093125 号

责任编辑：黄双蓉
封面设计：秦聪聪
责任校对：蒋子明
责任印制：邱　天

中国企业股权结构若干特征研究
——理论分析与经验证据

魏明海　程敏英　蔡贵龙　黄琼宇　著
经济科学出版社出版、发行　新华书店经销
社址：北京市海淀区阜成路甲 28 号　邮编：100142
总编部电话：010-88191217　发行部电话：010-88191522
网址：www.cfeac.com
电子邮箱：cfeac@cfemg.cn
天猫网店：经济科学出版社旗舰店
网址：http://jjkxcbs.tmall.com
固安华明印业有限公司印装
710×1000　16 开　10.75 印张　200000 字
2019 年 6 月第 1 版　2019 年 6 月第 1 次印刷
ISBN 978-7-5141-9299-5　定价：37.00 元
（图书出现印装问题，本社负责调换。电话：010-88191510）
（版权所有　侵权必究　打击盗版　举报热线：010-88191661
QQ：2242791300　营销中心电话：010-88191537
电子邮箱：dbts@esp.com.cn）

会计名家培养工程学术成果库编委会成员

主　任：程丽华

副主任：朱光耀

委　员：高一斌　杨　敏　王　鹏　郭道扬
　　　　孙　铮　顾惠忠　刘永泽　骆家駹
　　　　汪林平　王世定　周守华　王　华
　　　　樊行健　曲晓辉　荆　新　孟　焰
　　　　王立彦　陈　晓

出版说明

为贯彻国家人才战略，根据《会计行业中长期人才发展规划（2010~2020年）》（财会〔2010〕19号），财政部于2013年启动"会计名家培养工程"，着力打造一批造诣精深、成就突出，在国内外享有较高声誉的会计名家，推动我国会计人才队伍整体发展。按照《财政部关于印发会计名家培养工程实施方案的通知》（财会〔2013〕14号）要求，受财政部委托，中国会计学会负责会计名家培养工程的具体组织实施。

会计人才特别是以会计名家为代表的会计领军人才是我国人才队伍的重要组成部分，是维护市场经济秩序、推动科学发展、促进社会和谐的重要力量。习近平总书记强调，"人才是衡量一个国家综合国力的重要指标""要把人才工作抓好，让人才事业兴旺起来，国家发展靠人才，民族振兴靠人才""发展是第一要务，人才是第一资源，创新是第一动力"。在财政部党组正确领导、有关各方的大力支持下，中国会计学会根据《会计名家培养工程实施方案》，组织会计名家培养工程入选者开展持续的学术研究，进行学术思想梳理，组建研究团队，参与国际交流合作，以实际行动引领会计科研教育和人才培养，取得了显著成绩，也形成了系列研究成果。

为了更好地整理和宣传会计名家的专项科研成果和学术思想，

中国会计学会组织编委会出版《会计名家培养工程学术成果库》，包括两个系列丛书和一个数字支持平台：研究报告系列丛书和学术总结系列丛书及名家讲座等音像资料数字支持平台。

1. 研究报告系列丛书，主要为会计名家专项课题研究成果，反映了会计名家对当前会计改革与发展中的重大理论问题和现实问题的研究成果，旨在为改进我国会计实务提供政策参考，为后续会计理论研究提供有益借鉴。

2. 学术总结系列丛书，主要包括会计名家学术思想梳理，教学、科研及社会服务情况总结，旨在展示会计名家的学术思想、主要观点和学术贡献，总结会计行业的优良传统，培育良好的会计文化，发挥会计名家的引领作用。

3. 数字支持平台，即将会计名家讲座等影音资料以二维码形式嵌入学术总结系列丛书中，读者可通过手机扫码观看。

《会计名家培养工程学术成果库》的出版，得到了中国财经出版传媒集团的大力支持。希望本书在宣传会计名家理论与思想的同时，能够促进学术理念在传承中创新、在创新中发展，产出更多扎根中国、面向世界、融通中外、拥抱未来的研究，推动我国会计理论和会计教育持续繁荣发展。

会计名家培养工程学术成果库编委会
2018年7月

前言

作为一位大学教师和学者，我一直在努力追求具有原创特征、文化制度内涵和深刻反映中国会计、公司财务特征的研究，这样的研究应该具有真诚、真实、深刻、创新等学术品质。讲实在话，我还没有达到这样的境界和水准，上述要求只能作为自己不断努力的方向。

本书的研究内容是在财政部首批会计名家培养工程项目和国家自然科学基金项目的资助与支持下开展的，主要目的是为了进一步揭示中国企业股权结构的若干特征及其影响，尤其是开展一些理论分析并提供部分经验证据。

大家都了解，股权结构是影响公司治理、企业发展、会计与财务问题的基础性因素。在我们研究企业会计、公司财务和公司治理等问题时，常常试图从企业的股权结构特征中找到解释和答案，对股权结构特征的认识和理解，深刻地影响着对企业会计、公司财务和公司治理的研究。如果我们对中国企业股权结构的形成及其基本特征认识不到位，甚至理解有明显的偏差，在解释会计行为、财务行为、公司治理问题时就必然会产生偏差甚至错误。

本书涉及四个方面的研究内容：一是中国企业股权结构的形成及其特征的综合分析框架。本书第1章主要讨论产权不完备性与产权观念的中国文化传统和现实制约，即中国企业的股权结构及其基本特征（产权不完备性）是在什么样的背景和条件下形成的；本书第2章主要讨论企业股权特征的综合分析框架，包括综合分析框架的提出、理论解释及其应用，并揭示中国企业股权结构的若干具体特征。书中的第3章主要讨论"关系基础"的股权结构，第4章主要分析关系股东的权力超额配置。三是根据本研究对中国企业股权结构若干特征的认识和理解，讨论其对公司治理和会计行为的影响。书中的第5章以家族企业为场景，分析"关系基础"的股权结构对公司治理和盈余管理的影响。四是立足混合所有制改革，研究我国国有上市公司分类治理问题，为理解国有上市公司分类治理的现状提供经验证据。

本书的研究主要是我在主持项目并指导博士生的过程中合作完成的，除了两位当时在读的博士生程敏英和黄琼宇、目前仍在读的博士生蔡贵龙外，我早期指导的博士生、现已在大学任教的郑国坚和柳建华教授也参与了部分研究。

本书汇集的仅仅是我们的阶段性研究成果，难免存在各种各样的不足，衷心期待同行专家批评指导！

中山大学会计学教授/广州大学校长

魏明海

2017年12月28日

目 录

第1章 产权不完备性与产权观念的中国文化传统和现实制约 / 001

1.1 引言 / 001

1.2 产权不完备性的文献综述 / 002

1.3 产权观念中的中国文化传统 / 008

1.4 中国文化传统和现实制约对产权发展的影响 / 011

1.5 总结 / 021

本章主要参考文献 / 021

第2章 企业股权特征的综合分析框架 / 030

2.1 引言 / 030

2.2 企业股权特征综合分析框架的提出：现象描述与归纳 / 031

2.3 我国企业股权特征综合分析框架的理论解释 / 039

2.4 企业股权特征综合分析框架的应用：新的关注点与研究方向 / 041

本章主要参考文献 / 043

第3章 从股权结构到股东关系 / 048

3.1 引言 / 048

3.2 围绕股权结构开展的学术研究 / 049

3.3 已有文献对股权结构的认识与刻画 / 050

3.4 股东关系的存在、表现和影响：一些文献支持和相关法规 / 055

3.5 股东关系的形成与表现 / 056

3.6 股东关系的刻画:以我国上市公司为背景 / 060

3.7 总结与讨论:"关系基础"的股权结构 / 068

本章主要参考文献 / 070

第4章 关系股东的权力超额配置 / 076

4.1 引言 / 076

4.2 制度背景与理论分析 / 077

4.3 样本、数据与变量定义 / 079

4.4 实证结果及分析 / 081

4.5 研究结论与政策建议 / 093

本章主要参考文献 / 095

第5章 家族企业关联大股东的治理角色 / 098

5.1 引言 / 098

5.2 家族控股下的代理问题及其治理机制:相关文献回顾 / 101

5.3 制度背景与理论分析 / 102

5.4 样本选择与研究方法 / 107

5.5 实证结果 / 109

5.6 内生性问题与稳健性检验 / 121

5.7 总结与讨论 / 124

本章主要参考文献 / 125

第6章 国有上市公司分类治理研究 / 129

6.1 引言 / 129

6.2 文献回顾与研究问题 / 131

6.3 样本、变量与描述性统计 / 134

6.4 国有上市公司分类治理现状的经验证据 / 140

6.5 进一步研究:政府控制层级和时间趋势 / 148

6.6 研究结论与启示 / 156

本章主要参考文献 / 158

第 1 章
产权不完备性与产权观念的中国文化传统和现实制约[①]

1.1 引言

股权结构是影响公司治理的基础性因素,现已得到广泛的研究(La Porta et al., 1999; Faccio & Lang, 2002; Boubakri et al., 2005)。越来越多的学者认识到股权结构不是外生的,而是政治、经济、法律和文化等因素共同作用的内生结果(Demsetz & Lehn, 1985; Morck & Nakamura, 2004)。股权与产权密切相关。由于中国迥异于西方的产权文化,中国企业的股权结构也表现出自己独有的特征。然而,至今罕有文献从中国传统文化出发,系统地分析中国产权的传统文化和现实制约如何影响中国企业的股权结构。而大量研究中国企业的文献更多是套用西方成熟的理论解释中国问题(蔡祥等,2003;陈信元等,2004;牛建军等,2009)。研究中国的问题离不开对中国文化和制度的深入分析,只有用"中国人"的思维和视角去思考和看待中国企业问题,才能看得透、分得清中国企业公司治理的一些关键问题。本章尝试从中国产权的传统文化及其对现实制度的制约出发,深入分析中国企业股权结构中的若干独特现象。

公私观念是一国文化的重要组成部分。西方国家对"公"与"私"的界定比较明确,"私"也得到较充分的肯定和保护,私有财产是神圣不可侵犯的。

[①] 本章主要根据魏明海、蔡贵龙撰写的《"公""私"难分与股权"异象"——中国文化传统的影响与现实制约》研究报告的前半部分整理而成。

西方的社会契约思想①强调对私有权利的保护，并限制国家权力对私人权利的侵犯，强调"公"是为了保护"私"而通过契约产生的。西方法律界有句名言，"风可进，雨可进，国王不可进"②，形象地表明了西方国家"公""私"分明的文化特征。

在中国，公私观念是传统思想文化的核心。"大公无私""立公灭私"为中国社会所推崇，并深刻地影响了传统以及现代中国社会政治、经济和文化诸方面。然而，"私"之不存，"公"则不立。"私"在道德伦理被扼杀的同时，"公"的道德在现实中常常流为空幻与虚伪，结果"公私两无"③（刘中建，2003）。"公"与"私"不仅是一种观念，同时也是一种社会契约和行为（刘泽华，2003）。在中国的社会实践中，我们常发现这样的奇特现象："阳公阴私""假公济私""化公为私"等行为造成了"公私不分""公私难分"。

从产权的角度来看，"公私分明"的西方文化，其产权界定相对清晰且得到较好的保护，而中国"公私不分""公私难分"的文化则经常导致产权的模糊与不确定性，产生了一系列的产权纠纷。这些产权纠纷案件导致产权主体私人权益的损失，也给企业发展带来了不利影响。

另外，在私有产权受到公权力侵犯的同时，"化公为私"的现象在中国也不同程度地存在。由于经济转轨过程中法律、经济等规则和制度不完善，私人通过各种手段侵占公有产权导致国有资产大量流失，成为中国国企改革的难点。

1.2 产权不完备性的文献综述

产权（property rights）是附着在一种有形物品或服务上的"权利束"，包括使一个人受益或受损的权利（Demsetz，1967）。阿尔钦（Alchian）在《新帕尔格雷夫经济学词典》中也指出，产权是一个社会所强制实施的选择一种经济品使用的权利。对产权的理解，人们容易将产权与物权混淆。事实上，产权不

---

① 例如，霍布斯的《利维坦》、洛克的《政府论》、卢梭的《社会契约论》等。
② 英国首相威廉·皮特在演讲中曾这样表达对个人财产权的敬畏："即使是最穷的人，在他的寒舍里也敢于对抗国王的权威。风可以吹进这所房子，暴雨可以打进这所房子，房子甚至会在风雨中飘摇，但是英王不能踏进这所房子，他的千军万马不敢踏进这间烂了门槛的破房子"。"风可进，雨可进，国王不可进"由此而来。
③ 刘泽华、张荣明等：《公私观念与中国社会》，中国人民大学出版社2003年版。

是指人与物之间的关系,而是指由物的存在及关于它们的使用所引起的人们之间相互认可的行为关系(Furubotn & Pejovich, 1972),社会关系是产权的本质。

在完全竞争的市场中,只有在产权明确界定的情况下,市场参与者才可通过合约找寻到成本较低的制度安排(Coase, 1960)。然而,完全界定的产权安排只是一种理论上的理想状态,统治者从其自身利益出发来设计产权,以及经济市场存在交易费用等问题,使得典型的无效率的产权安排普遍存在(Norths, 1981)。

1.2.1 产权不完备性的特征

科斯(Coase)的研究考虑的是所有者之间"完整的"权利束的安排,所有权残缺(the truncation of ownership)并没有包含在他的问题之中。产权的"权利束"包括行动团体对资源的使用权、转让权和收益权(Cheung, 1969),产权权能是否完整主要从所有者对产权权能具有的排他性和可转让性来衡量。如果产权主体对其所拥有的权利有排他的使用权、收益的独享权和自由的转让权,就认为他所拥有的产权是完整的;如果这些方面的权能受到限制或禁止,则产权是存在残缺的。

"产权残缺"问题已经受到了经济学家的重视。德姆塞茨(Demsetz, 1988)最先提出了所有制残缺(the truncation of ownership)的概念,即对那些用来确定"完整的"所有制的权利束中的部分私有权的删除。这里的所有制残缺概念与产权残缺(Property defects or the truncation of property)本质上是一样的。弗鲁博顿和佩齐维奇(Furubotn & Pejovich, 1972)指出,统治集团的限制性措施、交易费用(侦察、监督和执行成本)过高都将导致私有产权的削弱(the attenuation of private property rights)。巴泽尔(Barzel, 1989)提出的产权稀释(attenuation of rights)与产权残缺在内涵上也是相关的。他指出,在任何社会制度下,任何公民都会享有一定范围和程度的个人私有财产权利,但每个人的私有财产权利又会受到限制和约束,对产权施加约束就是产权稀释。由于产权界定成本过高,即便法律上界定为私人所有的权利在现实中也可能被置于"公共领域",即法律上(de jure)的产权与事实上(de facto)的产权的脱节。

改革开放初期中国经济环境以"产权残缺"为主要特征(肖耿, 1997)。作为一个经济转型的国家,计划经济历史残留下来的大政府主义,以及相关法律制度等产权环境发展滞后，产权残缺在中国表现得更加突出，这也引起了中国产权研究学者的重视。从现有文献来看，国内对产权残缺的认识主要有：产权形式的残缺，即产权包含的权利束的缺失（李风圣、陈献广，1995）；产权权能结构的残缺，即产权的可自由转让性、排他性的削弱、权利与义务的不统一（李风圣、陈献广，1995）；法律上（de jure）的产权与事实上（de facto）的产权偏离（周其仁，2000；汪丁丁，1995；严冰，2011）；控制权与收益权的分离（Xiao，1992，1998）；企业实际最终控制权的模糊（李稻葵，1995）和关系产权（周雪光，2003；zhou，2011）。中国学者对产权残缺的理解既借鉴了国外相关学者的观点，也加入了中国独有的制度因素。需要特别指出的是，李稻葵（1995）指出，由于市场不健全、行政干预下的"灰市场"，中国非国有部门的模糊产权现象非常典型。周雪光（2003）提出的关系产权概念，用"产权是一束关系"重新解释了中国转型过程中的模糊产权的现象。

1.2.2 产权不完备性的经济学解释

对产权不完备产生的根源，现有文献主要是从以下三个角度进行分析：

1.2.2.1 不完全契约与产权残缺

现代企业理论认为企业是一系列契约的组合，契约是产权研究的核心。无论哪种形式的契约，在产权结构上均是对财产使用权、处置权和剩余支配权的不同程度的分割和让渡（刘小玄，1995）。在阿罗–德布鲁经济范式下，市场和契约都是完全的，无论谁拥有任何一部分财产，人们总是可以设计出最优机制引导自身得到最优的结果，因此，产权的分配无关紧要（许成钢，1998）。由于现实中存在奈特不确定性（Knight，2005）、人的有限理性（Simon，1947）、信息不对称和交易成本（Coase，1937，1960；Tirole，1999[①]）等问题，契约通常是不完全的（Grossman & Hart，1986；Hart & Moore，1990；简称为GHM），于是契约双方的责任和权利不可能完全界定清楚。当契约不完全时就产生了一个问题：当合同中没有规定的情况发生时，谁负责任？怎样负

[①] 梯若尔（Tirole，1999）将契约不完全的原因归结于以下三种成本：一是预见成本，即当事人由于某种程度的有限理性，不可能预见到所有可能的或然状态；二是缔约成本，即使当事人可以预见到所有可能的或然状态，以一种双方没有争议的语言缔约也很困难或者成本太高；三是证实成本，即关于契约的重要信息对双方可以观察，但对独立第三方（如法庭）是不可证实的。

责？在这种情况下,产权的分配就成为关键的问题(许成钢,1998)。

不完全契约下的产权观点认为,当契约不完全时,契约中除了可以事前规定的具体权利之外,还有事前无法规定的剩余权利,这部分剩余权利就是企业的剩余控制权(residual right of control)。GHM认为,剩余控制权应该配置给投资重要的一方或者不可或缺的一方,以确保在次优条件下实现最大化总剩余的最佳(optimal)所有权结构。张维迎(1996)指出,最优的企业所有权安排是剩余控制权和剩余收益权达到最大可能的对应,并且企业最优所有权安排是状态依存的[①]。现代产权理论认为产权是一种特殊的契约,这种契约规定了不同权利在不同主体之间的界定和分配。由于契约是不完全的,契约所限定的产权结构也是不完全的(刘宝明等,1999;王洪,2003)。进一步地,肖(Xiao,1992,1998)将剩余控制权与剩余收益权的不匹配定义为产权的残缺,并指出产权残缺导致的可能后果包括:团队生产的偷懒(Alchian & Demsetz, 1972)、专用性资产投资不足(Grossman & Hart, 1986; Hart & Moore, 1988)和事后"敲竹杠"(Klein et al., 1978)等。

1.2.2.2 制度路径依赖与产权残缺

制度是为决定人们的相互关系而人为设定的一些规则,其主要作用是通过建立一个人们相互作用的稳定的(但不一定有效的)结构来减少不确定性,包括正式约束和非正式约束。其中,正式约束是人为设计的规则,包括政治(司法)规则、产权制度和契约等;而非正式约束是在人类社会各种文化传统中逐渐形成的,包括人们的行事准则、行为规范及惯例等(North, 1990)。诺斯(North)进一步指出,尽管正式约束可能由于政治或司法决定而在一夕之间发生变化,但是嵌入在习俗、传统和行为准则的非正式约束可能是刻意的政策所难以改变的。从文化衍生出来的非正式约束在制度的渐进演化中起着重要的作用,从而成为制度路径依赖的根源。亚瑟(Arthur, 1989)指出,微小的历史事件可能导致一种技术在与另一种技术竞争时胜出,即技术具有路径依赖性,并且这种技术依赖会由以下四种机制自我强化:巨大的启动成本;学习效

---

① 具体来说,令 x 为企业总收入,w 为员工合同工资,r 为对债权人的合同支付,则若企业处于"x ≥ w+r"的状态,股东是所有者;若企业处于"w ≤ x<w+r"的状态,则债权人是所有者;若企业处于"x<w"的状态,则员工是所有者。

应；协调效应和适应性预期①。诺斯在此基础上，总结出了制度路径依赖的原因，即制度报酬递增及以明显的交易费用为特征的不完全市场。产权作为重要的经济制度之一，自然存在路径依赖的性质，产权的不完备性也将表现出路径依赖的特征，即产权的不完备性将长期存在，短期内无法消除。

制度变迁是否就能改善产权残缺的状况呢？林毅夫（1989）提出了制度变迁的两种路径：诱致性变迁和强制性变迁。其中，诱致性变迁指现行的制度变更是由个人或组织在响应获利机会时自发倡导、组织和实行的；而强制性变迁则主要是由统治集团或政府依靠强制力推行的。无论何种方式的社会制度演化都具有明显的路径依赖特征（高闯、刘冰，2003）。由于制度报酬递增的特性，即使存在对整个社会发展更有利的新制度，既有的利益集团也可能会阻碍新制度变迁的利益诉求。强制性变迁需要得到统治集团的权力保证，但统治集团也可能会受到利益集团的"俘获"。因此，不管哪种制度变迁，制度"锁入效应（lock-in effect）"或路径依赖的惯性在短期内是相当大的，以致难以逆转。另外，在产权残缺或模糊的原有制度安排下，微观主体或因收益预期不明确而不能及时感知制度非均衡产生的获利机会，或因不能排除免费"搭车"者而不愿从事充满风险的制度创新活动（杨瑞龙，1998），制度的路径依赖特征将表现得更加突出，制度的路径依赖也将进一步导致产权模糊，周而复始，循环反复。

1.2.2.3 政府职能与产权残缺

不管是契约不完全性还是制度路径依赖，政府在其中都扮演着重要的角色。政府作为一种合法使用强制性手段和具有垄断权的制度安排（North，2005），它有权力"决定什么样的制度将存在"。例如，政府可以依靠强制力量改变个体的产权结构，影响个体的某些权利，或者弱化个体的所有权（王洪，2003）。"North 难题"指出，统治者作为国家代理人和"经济人"，由于具有双重身份，在使统治者（和他的集团）租金最大化的所有权结构与降低产权制度和规则的交易费用和促进经济增长的有效率体制之间存在着持久的冲突（North，1991）。统治者从其自身利益出发来设计产权，而交易费用则使得典

---

① 其中，学习效应能改进产品，或在产品的受欢迎程度增加时可能降低成本；协调效应有利于与其他采取类似行动的经济主体合作；适应性预期指产品在市场上受欢迎程度的增加，会增加人们有关该产品将更受欢迎的信念。

型的无效率产权普遍存在（North，1981）。因此，必须制定宪法性典章来有效约束政府、政府官员的行为及他们的行政自由裁量权，才能确保被清晰界定且能被有效实施的产权结构得以良序工作（North，1995）。

1.2.3 产权不完备导致的经济后果

古典经济学将制度作为外生变量对待，忽略了制度在经济发展中所起的重要作用。新制度经济学认为，制度是重要的，尤其是明晰的产权制度，对经济的正常运转至关重要。企业作为微观实体，其基本条件或资格就是企业产权的独立（黄少安，2000）。产权安排通过预期影响人们的经济行为，产权残缺所导致的经济后果就成为制度学派关注的重点。

1.2.3.1 国外对产权残缺经济后果的研究

在产权界定完整的情况下，权利的初始分配不会影响帕累托效率，但这只在交易费用较低的时候成立（Coase，1960）。当交易费用较高时，产权安排会影响资源的配置、产出的构成和收入的分配等，因此对行为人的激励和行为造成重大的影响（Furubotn & Pejovich，1972）。

产权是一种社会工具，其重要性就在于事实上它能帮助一个人形成他与其他人进行交易时的合理预期（Demsetz，1967）。如果市场参与者无法对未来交易形成稳定的预期，那么他往往会注重当前相对可靠的状况，而偏好短期决策，导致市场种种短视行为。弗鲁博顿和佩齐维奇（1972）指出，产权的削弱会影响所有者对他所投入资产的使用的预期，也会影响资产对所有者及其他人的价值，以及作为其结果的交易的形式；相反，对产权更完整的界定减少了不确定性，并会增进资源的有效配置和使用。因此，产权残缺会影响市场参与者的经济行为，例如，对土地的租佃越没有保障，效用的最大化就越是在更大程度上使得对资本改进的投资不足（Demsetz，1988）；企业也将偏离利润最大化的目标，而追求决策者个人效用最大化（Furubotn & Pejovich，1972）。

产权残缺对一国经济发展极为不利。诺斯（1990）在分析了欧洲近代市场的发展与法律和政治制度的互动关系后指出，英国光荣革命的结果是"限制皇权、司法独立及普通法庭的崇高地位"，增强了产权的保障，带来了英国后来的经济和政治霸主地位；西班牙和葡萄牙则由于中央集权的官僚结构限制了公民产权的发展，导致经济绩效呈现出与英国迥异的结果。此外，产权稀释还将减少个人财产的价值,同时也会将个人享有的一些私人财产权利(如使用权、收益权、转让权等)置于公共领域(Public Domain),从而导致"公地悲剧"和寻租行为(Barzel,1989)。

1.2.3.2 中国学者对产权残缺经济后果的研究

中国学者对产权残缺带来的经济后果的主流看法与国外的观点大体一致,都强调产权残缺会带来资源配置的低效率,是造成利益受损的根源(张峰,2010、2012)。尤其对国有企业来说,由于产权残缺导致的更严重的委托代理问题,被代理人常常通过各种途径对国有资产进行侵占(严冰,2011)。

在中国,也有部分学者认为,产权残缺一定程度上对企业来说是有利的,这是企业积极适应其所处制度环境的理性选择结果。周(Zhou,2011)提出关系产权(property rights are a bundle of social relations)的概念,指出在中国经济转型过程中,产权弱化或产权模糊是企业或个人主动实施的、对组织所处环境的积极适应。通过与其他组织或政府建立稳定的关系,企业可以获取稀缺资源(如垄断经营权、地方政府保护等)。杨小凯和张永生(2000)提出了有效率的产权模糊概念,由于各种两难冲突的存在,产权并不是越明确越好。有时候,产权的模糊比清晰界定更有效率。关键是法律制度应该保证人们有自由选择合约的权利,有效率的产权模糊就会通过自由的产权买卖而自发形成。李稻葵(1995)构建了一个产权模糊的理论模型用来分析中国产权模糊的现象,并指出企业产权模糊是相对有效率的,是企业家在市场不完善的转型经济下自愿选择的结果。他进一步指出,从长远来看,产权模糊是不合理的,当市场完善后,模糊产权安排的效率是低下的。

1.3 产权观念中的中国文化传统

根据诺斯(1990)对制度的定义:制度是一个社会的游戏规则,是为决定人们的相互关系而人为设定的一些制约,包括正规约束(如规章和法律)和非正规约束(如习惯、行为准则、伦理规范)及其实施特征。人类社会文化传统中逐渐形成的一些非正式约束,无论是长期还是短期,都会在社会演化中对行为人的选择集合产生重要影响,并成为制度变迁路径依赖的根源。中国企业的产权现状,很大程度上仍受到中国传统制度(包括正式与非正式制度)的影响。只有从传统制度根源出发,我们才能准确理解当前中国企业产权制度的形成原因和发展全貌。

1.3.1 历史上中央集权的"大政府"

自秦统一中国以来,君主专制的中央集权体制便统治了中国两千多年(黄仁宇,1997)。中央集权的表现,一方面,统治者从制度上规定"溥天之下,莫非王土;率土之滨,莫非王臣""天下之事无小大皆决于上",从而确立了君主至高无上的权力及对国家资产的君主个人所有;另一方面,《管子·轻重》中"天以时为权,地以财为权,人以力为权,君以令为权"的经济治理思想成为历代统治者借鉴的来源①。君主保留和掌握着生杀予夺的绝对权力,只要皇帝或官府有说得过去的理由(有时连这种理由也不要),就可以任意剥夺臣民的财产权甚至生命权(易中天,2007)。个人在经济中的地位与权利受到严格限制,国家对私人财产享有最终的调整权(周建明,1989)。

诺斯(1990)认为,政治规则决定经济规则,即产权以及由此产生的个人契约一般由政治决策过程所界定并实施。长期以来,中央集权对中国产权制度的影响表现为:君主对各种社会经济资源的支配,主要表现为国家对经济的干预和管制,并不断扩大"共有"产权(严国海,2007)。

1.3.2 司法的宗法伦理特征

在中央君主权力集权制度下,皇权权力极度膨胀,此时如果没有相应的权力制衡机制,如独立的司法机制,则官僚行政机构的权力常常表现为对人民财产的强取豪夺和肆意践踏。私人产权无法得到确切的保障或者根本无法形成,即使存在清晰界定的产权结构,也无法良序工作(North,1995)。

中国传统的司法文化表现出典型的宗法伦理特征。司法的宗法伦理特征限制了中国历代独立司法体系的形成和发展。在中央集权的君主专制政体下,自称"天子"的皇帝拥有至高无上的权力,法律的至高无上性被皇权的绝对神圣所代替,法律成为皇权的附庸而丧失独立存在的地位,成为实现君主个人专制的工具。因此,中国传统法律文化表现出典型的人治主义特征(夏锦文,

---

① 《管子》是战国中期的一本经济巨著,其中的《轻重》十六篇,自成体系,是中国古代有重要影响的一组经济论文。这一套理论不断地为中国古代君主专制的统治所借鉴,例如商鞅、桑弘羊、刘晏、王安石等人就深受其影响。

2003),具体表现为行政与司法合一,以及权力对法律的支配和制约。由于皇帝总揽政治、经济、军事、法律等一切大权,为了维护皇权,皇帝不仅掌握着最高立法权,而且牢牢掌握着司法大权,实际上是最高审判官,即所谓的"御笔断罪"[①]。皇帝的"御笔断罪"属于最高效力的终审判决,即使司法官员引用法律规制,抵制皇帝随时发出的指令,或者执行皇帝的旨意不坚决,都被认为是重大的犯罪。因此,"御笔断罪"总体上反映了中国传统司法中的皇权至上原则和鲜明的人治主义色彩(夏锦文,2003)。

1.3.3 "崇公"与"抑私"

封建社会统治者不仅通过正式的法律制度限制个人权利,还通过非正式约束抑制民众的私有观念,达到"抑私"的目的。由于正式约束常常通过法律、政令等强制推行,容易激发民众反抗情绪,管理民众的成本过高;而从非正式约束出发,通过日常教育、思想熏陶等潜移默化的方式更能使民众接受,且影响得更持久。因此,从思想上控制民众也一直是统治者惯用的手法[②]。

"崇公抑私"的中国传统主流公私观念。早在中国先秦时期,儒法"崇公抑私"的公私观便已形成,并成为中国两千多年来的主流公私观念(李长莉,2003;刘中建,2003)。在中国,"崇公"是政治家们设计并极力维护等级政治秩序的利益诉求,例如,儒家的"克己复礼"、法家的"立公灭私"。因此,"私"的观念在中国常常被诸子百家描述成是一种"恶"行,受到普遍的批判和否定。例如,"私意者,所以生乱长奸而害公正也"[③]"夫私者,壅蔽失位之道也"[④];公私的对立关系在宋明理学中得到进一步的发展,"存天理、灭人欲";到明清之际,仍有"大公无私""天下为公"的思想;甚至在中国近代"崇公抑私"的观念仍然根深蒂固。

"一家之私"与"公私两无"。"私"在道德伦理上被扼杀的同时,"公"的道德在现实中常常流为空幻和虚伪,导致"公私两无"(刘中建,2003)。

[①] 所谓御笔断罪,就是皇帝亲自审理和裁决刑事诉讼案件,不受普通法律和普通司法机关的约束。御笔断罪,反映了皇帝对司法的控制。
[②] 如秦代的"焚书坑儒"、董仲舒的"罢黜百家、独尊儒术"等。
[③] 摘自《管子·明法解》。
[④] 摘自《管子·任法》。

总的来说，这种重伦理、轻"私产"，重义务、轻权利，"尚公""抑私"的产权文化不利于中国现代产权制度的形成。

1.4 中国文化传统和现实制约对产权发展的影响

1.4.1 传统文化对现代产权发展制约的现实表现

从文化中衍生出来的非正式约束往往不会对正式规则的变化作出即时反应，因而这些非正式约束嵌套在其中的文化则会在"制度的渐进演化方面起着重要作用，从而成为路径依赖的根源"（North，1990）。个人形成的用来解释周围世界的心智构念部分是从文化遗产中产生的，而这些信念决定了他们的选择（North，2005）。因此，对现代完备产权发展的制约因素，很大程度上来源于传统文化中人们业已形成的产权观念，只不过在新的制度环境下，这些制约因素表现得更加隐晦且表现形式有所变化。

1.4.1.1 政府与产权制约

"政府干预"对中国现代产权的制约主要体现在以下几个方面：

（1）中央集权与地方治理矛盾。中国传统国家政权的基本特点是中央权威一统而治，权威体制的核心是中央政府自上而下推行其政策指令意图、在资源和人事安排上统辖各地的权力。然而，在中国幅员辽阔、多民族和地区的背景下，中央过度集权导致治理负荷较大，有效治理程度较低。中国大一统体制中，存在着中央集权与地方治理的矛盾，前者趋于权力、资源向上集中，从而削弱了地方政府解决实际问题的能力和有效治理能力；后者又常常表现为地方政府各行其是，偏离失控，对权威体制的中央核心产生威胁。这一矛盾导致中国政治运行过程中呈现出集权与放权的交替往复，限制了独立的司法体系和理性化科层政府的发展（周雪光，2011），从而不利于现代产权的形成。

（2）政府干预和管制。根据奥尔森（Olson，1965）的观点，一个政府，如果有足够的权力去创造和保护私有产权，而且受到约束不去剥夺这些个人权利，那么这样的政府就是"强化市场型政府（market augmenting government）"。然而，国家的存在本身就是一个矛盾体，一方面，国家需要足够强大的权力确保经济和社会的正常运行，如契约的行使；另一方面，人民又要约束国家权力，不让其过分强大，以至于侵犯公民的财产和权利（North，1990）。事实上，许多国家,尤其是转型经济国家,如何约束政府不去剥夺个人权利往往是建设"强化市场型政府"的难题。在中国,政府的行为通常超过保护性状态规定的限度,政府权力的扩大挤占了私人占有资源权力的空间。

在从计划经济体制向市场经济体制转型的过程中,计划经济时代下"统管一切"的政府权力和对经济治理的"计划思维"得到延续。一方面,由于计划思维的影响,政府习惯性地干预市场经济活动,资源配置活动通常由政府主导或者需要得到政府的批准。例如,中国上市公司的审核制和核准制,以及中国地方国有企业的兼并重组有一部分可能是地方长官意志主导下的"拉郎配",这与现代公司治理制度是需要进一步协调的。

另一方面,国家对一些行业进入许可的限制,对资本融资渠道的控制以及通过颁发地方行政规章或法律解释文件等方式影响企业经营决策等,均削弱了企业的经营自主权(资本无法自由融通、行业无法自由进入和退出等)。例如,不仅银行、债券市场等债务市场受到政府的控制(金融机构的设立门槛很高,且多为国有控股),证券市场的融资渠道也常常在政府的严格控制之下(导致上市壳资源稀缺)。

(3)寻租行为。在转型经济中,政府的寻租行为是影响经济效率的重要因素。俄罗斯在实现私有化之后形成了一批官商勾结的寡头,他们利用手中的权力大肆侵吞国家财产、寻取巨额租金,在极短的时间内积累了大量的财富。俄罗斯私有化的事实告诉我们,即使产权得到明晰确定,如果企业改制后仍然存在政府寻租的权力基础和动机,企业改制后仍可能受到政府寻租行为的影响,这对私有产权的发展无疑是不利的,不能使企业主形成产权得到保护的稳定预期,削弱了企业主努力工作的积极性(姚洋、支兆华,2000)。中国从计划经济体制向市场经济体制转型的过程,伴随着政府管制的收缩和政府对既有产权的重新分配和安排。其直接控制的经济资源在逐渐减少,相应地也减少了部分政府官员的权力。为了保持和增进自身的利益,个别政府官员就会利用政府在建立市场经济中所扮演的角色和权力来谋求体制转轨过程中的利益补偿,而政府利用行政手段重新分配产权恰好给其提供了这样一个机会。部分政府官员有动机通过"创租"和"寻租"谋取私利。2013年6月,中国审计署审计长刘家义在全国人民代表大会常务委员会上作2012年度审计报告时提出:审计发现的2012年175起重大违法违规问题和经济犯罪案件中,利用权力设租寻租的案件达到了21起。寻租的过程是对现有产权的重新分配,个别企业通过寻租谋取产权保护往往会削弱其他企业的产权,对整个社会产权发展和经济发展是不利的(Hellman et al.,2009)。

1.4.1.2 法律不完善与产权制约

产权及由此产生的个人契约往往由政治决策过程界定并实施(North,1990),如果政府决策总是理性并合理的,那么产权发展是合理的。由于"有限理性"(Simon,1947)、"自利"动机(Jenson & Meckling,1976),政府决策并非总是理智的,如果不能限制政府的自由裁量权和司法独立,那么产权是缺乏保障的(North,1990)。中国传统司法文化表现出的宗法伦理理性特征,导致中国两千多年封建社会未形成独立的司法制度,司法与行政不分。这深深制约了现代司法独立的发展,司法体系很难对权力部门侵犯产权等活动进行规制,限制了中国现代产权制度的发展。

鸦片战争后"西学东渐",近现代一些先进的中国知识分子接受了西方司法独立的理论和原则精神,促进了中国近现代司法独立思想的形成和发展。但在传统司法文化的制约和影响下,从清末到民国,尽管从法律制度层面对司法独立进行确认,但司法独立仍然名存实亡,在实践中表现出极大的虚伪性和局限性。行政权的扩张抵消了司法权的部分效力等现象十分普遍。即使在中华人民共和国成立后,司法也走过了勃兴与衰落、反思与重构的曲折发展道路[①](夏锦文,1999、2004)。

黄韬(2012)以中国证券市场的发展为例说明了在中国投资者保护方面表现出的"司法弱势"现象。由于法律不完备的内在属性决定了现时各国的证券监管活动总体上是以行政执法,而不是私人诉讼为核心来构筑其制度框架。而在中国,执法权力配置过去在一定程度表现出"重行政、轻司法"的特征。

---

① 夏锦文(1999,2004)将中国司法独立发展的过程划分为三个阶段,第一个阶段(1957~1958年),表现为法律虚无主义的司法独立,即使1954年宪法确定了司法独立,但由于实践中缺乏足够的制衡机制,司法独立原则并未得到根本性实施,"文化大革命"更是严重破坏了司法独立原则,1975年的宪法再一次将司法归于行政;第二个阶段(20世纪70年代末到80年代初),是对司法独立进行反思和改革时期,并于1982年宪法再次明确了"独立审判"与"独立检察"的法律原则;第三个阶段(1992年至今)是司法独立的跃进和繁荣时期,党的十五大将"依法治国"作为治国方略,司法独立得到进一步的确立和巩固。

1.4.1.3 伦理本位思想和"抑私"后遗症交叉作用制约现代产权制度

"抑私"观念对现实的影响是深远的。直到 1988 年《中华人民共和国宪法修正案》通过,民营经济的合法地位才得到宪法承认。而此后一直到 1992 年,民营企业还面临着姓"资"与姓"社"的争论。2004 年,中国正式把保护私有财产写入宪法。

1.4.2 对产权发展的现实制约因素

尽管制度具有路径依赖特性,但制度也在不断地向前发展。为了深入分析产权发展的现实制约因素,在了解了中国传统文化中制约产权的因素的基础上,我们还需要了解经济规则(产权)的改革过程及其与明晰企业产权的关系。

第一,"赶超"战略。虽然中国早就放弃了"赶超"战略,但"赶超"战略所造成的一些后果的影响是长期的(林毅夫、李永军,2001),"赶超"战略的代价是高昂的(张宇燕、何帆,1996)。中华人民共和国成立之初,为了全面调动全国资源"集中力量办大事"以实现"赶超"战略,国家采取了中央计划经济制度调度和分配资源,经济权力是高度集中的,且集中在中央。中央政府的各种指令凭借中央绝对政治权威交付地方政府具体执行,地方政府只能被动服从,无灵活变通的权力。地方无独立的经济利益,一切以中央意志为转移,中央政府主导一切,产权因此成为政府手中的政府变量。而且"赶超"战略和长期的计划经济强化了政府干预,也使人们产生对中小企业尤其是非国有中小企业的偏见(林毅夫和李永军,2001),例如对民营(中小)企业的信贷歧视等,这些对产权的发展也是有害的。

第二,渐进式改革。不同于苏联采取的"休克式疗法",中国经济改革遵循的是渐进式改革(林毅夫等,1993),且改革过程伴随着中央与地方权力的集权与分权(金太军、汪波,2003)。在渐进式改革框架下,制度的变革是缓慢且稳定的,原有的制度得以保存。渐进式改革也并未完全实现企业的产权明晰化。因为改革局限于企业制度中属于经济性层面的产权安排,但未触动其行政性层面的安排,结果是国有企业至今未能完全实现政企分离。只要政府行政权力不受约束,就可能随意干预企业行为,建立产权真正明晰的企业是很难实现的(韩朝华,2003)。

第三,"摸着石头过河"。渐进式改革采取的主要方式是"摸着石头过河"的策略。尽管"摸着石头过河"的历史贡献不可否认,但这种改革方式也给中国产权发展带来了一定的负面作用。"摸着石头过河"具体地说就是在缺乏顶层设计的条件下,"干中学""大胆地试",是一个不断试错的过程。由于"摸着石头过河"是个不断试错的过程,这就避免不了政策的易变,由此可能带来经济的不稳定。王曦和舒元(2011)建立了在"摸着石头过河"指导思想下中国长期投资行为、股票定价和消费行为的三个理论模型,并指出,与更明确的改革方式相比,"摸着石头过河"削弱了投资者长期投资的积极性,助长了短期行为,引发了更强的宏观经济振荡。从产权发展的角度来看,产权难以形成稳定的预期,产权主体因此普遍采取短期行为。

为了更清晰地认识中国企业产权的现实制约因素,我们将从不同所有制企业的产权结构和发展过程来进行更细致的讨论。

1.4.2.1 国有企业产权的现实制约

改革开放之前,中国经济制度是计划经济,企业基本由国家控制,企业没有自主决策权和收益分享权,只是依靠中央指令性计划进行生产和分配。因此,早期的国有企业拥有很少的剩余权利,企业经营积极性很低。对国有企业的改革主要经历了"放权让利"(1978~1987年)、"利改税"(1983~1986年)"承包经营责任制"(1987~1992年)和"股份制改革"(1992年至今)[①]等过程,改革主要围绕企业剩余索取权和剩余控制权的对应。虽然一定程度上调动了国有企业经营的积极性,但国有企业产权残缺的问题并未完全得到解决,具体表现为:

(1)产权虚置,所有者先天"缺位"。

国有企业的产权是虚置的。在社会主义国家,国有资产的所有者是全体人民,政府只是代表人民行使权力的机构,因此,没有个人或者机构对国有资产有完全的所有权。杨小凯等(2003)指出,在产权虚置的结构下,任何分权

---

① 1978年7月,在国务院召开的"务虚会"上提出了国民经济管理体制改革的问题,同年10月,四川省6家国有企业开始了名为"管理体制"的改革,此即国有企业放权让利改革的第一步;1983年6月,国务院批转了财政部《关于国营企业利改税试行办法》,同意把执行多年的利润上缴方式,改成有比例的纳税制,即"利改税";1986年底,国务院颁布了《关于深化企业改革、增强企业活力的若干规定》,最后确定了承包经营制度;1992年开始,国有企业的股份制试点向规范化方向发展,1997年党的"十五大"正式确立了股份制改革。

和市场化改革都会造成比它所解决的问题更多的问题。根据现代产权理论，企业的剩余控制权与剩余索取权应该尽可能匹配，否则，产权残缺将带来有害的结果，包括团队生产的偷懒、专用性资产投资不足和"敲竹杠"等。在经过一系列对国有企业的"放权让利"改革之后，国有企业的控制权实际很大程度上由管理层控制，由于国有企业管理层通常对国有企业不具备（或者很少有）剩余索取权，因此其有很大的动机转移国有资产以寻求自身利益最大化。所有者"缺位"常常导致国有企业治理的众多乱象，包括"内部人控制"、国有资产流失等。

（2）非人格化的"出资人"。

为了解决国有企业的所有者"缺位"、产权虚置的问题，中国政府于1988年成立了国有资产管理局，将国有企业的产权管理职能与政府的社会经济管理职能分离开来。但由于国有企业的管理权力分散在各行业主管部门，形成了国有企业管理的"多头治水"局面①，导致多头管理和权责不明。2003年，成立了国有资产监督管理委员会（简称"国资委"），试图解决国有企业多头管理的混乱局面。但国资委并不是一个人格化的"出资人"，其实质仍是一个政府行政机构，很难摆脱既充当出资人又充当监管者的双重角色②。因此，国资委既是"裁判"，又是"运动员"，政企仍未完全分开。同时，由于政府机构的科层管理，地方国资委常常受到各级政府部门的管理或者控制。在法律上成为名义的国企"出资人"的国资委，其各项职能实质上仍掌握在其他政府部门领导的手中（如下面将讨论的"外部人控制"问题），国企产权权利的行使仍然模糊不清。

（3）政府行政干预，国企改革不彻底。

即使经过政府后期的放权让利，国有企业的经营自主权加大，国有企业制度中属于经济性层面的产权安排得到显著改善，但未触动其行政性层面的安排。政府仍然实际上控制着企业的人事权，这正是政府控制企业的最关键、最

---

① 在中国旧的国企管理体制下，由多个部门分割行使出资人职能：计委负责立项，经贸委管理日常运营，劳动与社会保障部门负责劳动与工资，财政部管理资产登记和处置，组织人事部门和大型企业工委负责经营者任免，这种模式被戏称为"多头治水"。

② 按照《企业国有资产监督管理暂行条例》对国资委的定位，国务院国有资产管理机构是代表国务院履行出资人职责、负责监督管理国有资产的直属特设机构。显然，国资委同时扮演了出资人和监管人的双重角色。

有效的手段（黄少安，2000）。通过任命政府官员掌管国有企业，政府能够对国有企业施加重大的影响。国有企业因此经常疲于满足政府要求的政策性目标，如当地的就业率和薪酬公平等。政府还通常保留国有企业重大投资决策项目的行政审批权和最终裁断权，因此，国有企业的一些权力受到政府的削弱。

（4）产权刚性，产权难以转让。

产权刚性也是中国国有企业产权残缺的重要特征。国有企业产权刚性具体表现为：第一，在中国，国有企业的产权转让受到严格的管制，即使是地方政府也不能任意转让国有企业产权（Fan et al.，2010）。国有企业的产权结构是国家行为施加的外部变量，其产权边界受到国家的外部限制，因此无法根据市场变化作灵活调整（张宇燕、何帆，1996）。第二，国有企业的高管和相关的政府官员对国有企业拥有实质上的控制权，这种控制权给高管和政府官员带来了巨额的控制权收益，由于国有企业控制权的不可有偿转让性（或者控制权损失的不可补偿性），国有企业产权转让受到高管和地方政府官员的抵制，造成国有企业的兼并存在产权障碍（张维迎，1998）。因此，国有企业的产权刚性使得产权无法自由转让，相应地削弱了国有企业完整的产权权能。

1.4.2.2 民营企业产权的现实制约

（1）内"私"外"公"，公私难分。

计划经济时期，意识形态也相应受到当时体制的影响，谈"私"色变，私有产权是不被允许的。即使在市场经济高度发展的今天，"姓资"还是"姓社"的争论也时有发生。在改革初期，民营经济一开始就遭遇了社会意识形态的强烈抵制，通过戴"红帽子"注册为集体企业以避免违背当时的意识形态，成了民营企业普遍的选择①。"红帽子"企业的产权表现为内"私"外"公"，却常常公私难分，因此，大多数民营企业从诞生时便存在产权模糊的问题（李稻葵，1995），即法律上认定的产权与经济事实上的产权不一致，也为民营企业的产权纠纷埋下了祸根。

（2）民营经济的保护。

受计划经济体制和意识形态的影响，民营经济在中国一定程度上受到一

---

① 根据《中国私营企业发展报告》（2003），上海市假集体企业占全市集体企业的20%左右，江苏省86%的乡镇企业已经改制为民营企业，但在工商登记中仍为集体企业。

些制度性"歧视"(杨小凯等，2003；顾强，2003)。具体表现为：第一，国家对私有财产权的法律保护力度不够。直到1988年，民营经济的合法地位才得到宪法的承认。第二，行业准入存在一定限制。民营企业的设立门槛较高、审批程序烦琐(顾强，2003)，银行信贷、政府资源分配等普遍向国有企业倾斜(杨小凯等，2003)。第三，在有些经济领域，公有和非公有经济表面上看似待遇平等，但在执行政策规章时却厚此薄彼(顾强，2003)。政府对市场结构、市场进入和竞争手段的管制以及金融市场的控制也意味着对企业使用资本的权利的限制，进而削弱了企业的产权。

(3) 政治和社会关系依赖性。

民营企业参政议政是中国公司治理普遍存在的现象(饶妙，2009；邓建平、曾勇，2009)[①]。在转型经济体等制度建设相对落后和不完善的国家或地区，民营企业通过建立政治关系，能够获得更多的产权保护(潘红波等，2008；罗党论和唐清泉，2009)，给企业带来各种资源，包括财政补贴(余明桂等，2010；罗党论等，2009)、银行贷款(余明桂等，2008)、管制行业进入许可证(罗党论等，2009)等。然而，民营企业对社会关系的过分依赖，促使企业通过产权的弱化或妥协来换取稳定合作的关系(周雪光，2005)。由于市场制度的缺陷，政府常常直接参与企业产权的形成进而参与企业的决策(陈剑波，1997)。

(4) 私有产权的关联性质。

民营资本的关联性质表现为"三缘"性，即相当一部分中国私营资本在产权主体上带有强烈的血缘、亲缘、地缘性。"三缘"性使得私营资本在产权主体上具有浓厚的宗法性，导致企业产权不严格地受市场规则约束，而是在相当大的程度上受家族宗法规则支配，造成"家企不分""族企不分"(刘伟，2000)。

(5) 民营企业发展过程的"原罪"问题。

民营企业的快速发展是国家"国退民进"政策下的产物。由于过去"国

[①] 饶妙(2009)发现：在2002~2006年间，中国近76%的民营企业存在政治关联的现象，而有近34%的民营企业家是政治关联型企业家。邓建平和曾勇(2009)也发现：2007年11月，当选的全国工商联第十届委员会的执行委员中，民营经济的人数超过六成，在当选的全国工商联副主席中，民营企业家的人数由7个增加到13个。

退民进"的实施缺少一个公开、透明的操作平台，资产评估、定价、出售等环节缺少规范程序。民营企业产权保护缺少明确的法律依据。民营企业"原罪"问题使得其产权难以形成安全保护的稳定预期。

1.4.2.3 混合所有制企业产权的现实制约

混合所有制企业[①]指不同所有制性质的投资主体共同出资组建的企业，即国有资本、集体资本、非公有资本等交叉持股、相互融合，其本质是产权主体的多元化。

发展混合所有制企业，是从单纯强调产权制度改革深入到优化产权结构改革的进步过程，对中国企业和经济的发展意义重大。厉以宁（2014）指出，混合所有制企业的法人治理结构最有效。发展混合所有制企业，有利于将国企的资本雄厚优势与民企的机制灵活优势结合起来，达到共赢的局面[②]。具体来说，发展混合所有制企业，不仅可以改善各类所有制企业的产权结构，推动各类所有制企业产权的流动和重组，还能够依托多元产权架构和市场化的运营机制提高国有经济或公有经济效益。

混合所有制思想早在20世纪80年代改革开放初便已在中国提出[③]，此后混合所有制企业在中国得到了快速的发展。截至2012年年底，中国中央企业及其子企业引入非公资本形成混合所有制企业的数量，已经占到总企业户数的52%；中央企业及其子企业控股的上市公司非国有股权的比例已经超过53%；地方国有企业控股的上市公司中非国有股权的比例已经超过60%[④]。然而，现

[①] 党的十八届三中全会提出"积极发展混合所有制经济""国有资本、集体资本、非公有资本等交叉持股、相互融合的混合所有制经济，是基本经济制度的重要实现形式"，混合所有制企业成为中国国企改革的主要方向。

[②] 厉以宁："混合所有制企业应与国企和民企三分天下"，*http://news.xinhuanet.com/yzyd/energy/20140305/c_119617102.htm?prolongation=1*。

[③] 混合所有制思想最早是在党的十四届三中全议上提出，正式写入中央文件是在1999年党的十五届四中全会上。中国共产党第十六次代表大会明确提出，除极少数必须由国家独资经营的企业外，积极推行股份制，发展混合所有制经济。党的十六届三中全会提出，要适应经济市场化不断发展的趋势，进一步增强公有制经济的活力，大力发展国有资本、集体资本和非公有资本等参股的混合所有制经济，实现投资主体多元化，使股份制成为公有制的主要实现形式。中国共产党第十七次代表大会提出，以现代产权制度为基础，发展混合所有制经济。党的十八届三中全会更为明确地提出，积极发展混合所有制经济，并强调国有资本、集体资本和非公有资本等交叉持股、相互融合的混合所有制经济是基本经济制度的重要实现形式。

[④] 国资委："国有资本不需控制的国企可全部退出"，*http://news.hexun.com/2013-12-19/160732478.html*。

阶段混合所有制企业应有的优势和作用依旧不明显，总结中国混合所有制企业的发展状况就是：数量不少、质量不高，究其原因归根结底还在于中国混合所有制企业的产权约束。具体来说，发展混合所有制企业，存在以下制约：

（1）政府的控股情结。

国有企业对各级政府的重要性是不言而喻的。除了能够满足地方政府的各种政策性目标外，国有企业还往往成为政府主管部门"套现"手中权力的渠道，故政府机构通常不愿意放弃对国有企业的控股地位，突出表现为中国国有企业国有股"一股独大"以及发展混合所有制企业过程中对民营股东最高持股比例的限制[①]。按照中国国资委公布的发展混合所有制企业的四条路径[②]，除了涉及国家安全、关系国民经济命脉、重要行业和关键领域的国有企业采用国有独资与保持国有绝对控股外，国有资本不需要控制可以由社会资本控股的国有企业，可以采取国有参股的形式，或者全部退出。但由于最终决定民资参股比例的一般是中国政府各级主管部门，这些部门领导的控股情结可能会阻碍他们放弃国有大股东的地位。

在国有股保持"一股独大"的情况下，政府部门仍是混合所有制企业的大股东，混合所有制企业的运作实质上可能同国有企业区别不大，则政企依旧不分。社会资本很难在其中获得平等的地位，民间资本也只是起到财务型投资的作用，民营股东无法参与企业日常经营决策，市场机制无法在混合所有制企业发挥作用。即使民间资本占据控股地位，在政府主导下，民营股东可能也无法实质获得混合所有制企业的控制权。例如，2004年江苏金鹰收购南京新百（600682），尽管江苏金鹰是南京新百的相对控股股东，是上市公司的第一大股东，但是因为政府仍没有转让公司的经营权，江苏金鹰仅仅停留在大投资者之位。

（2）民营资本的地位。

在中国，民营资本长期受到所有权的一些制度性"歧视"，民营资本与国有资本的地位是不完全平等的。处于弱势地位的民营资本在同国有资本合作

---

① 例如，中国中电投直接将民资参股比例上限限制为1/3。http://news.xinhuanet.com/fortune/2013-11/26/c_125760932.htm?prolongation=1

② 国资委："国有资本不需控制的国企可全部退出"，*http://news.hexun.com/2013-12-19/160732478.html*。

时，往往话语权较弱，民营资本容易受到国有资本的控制。

民营资本与国有资本的地位不平等使得混合所有制企业很难摆脱政企不分的状况。在国有股"一股独大"情况下，民营资本出资人地位自然难以体现。

（3）国有企业的地位。

国有企业"管人管事管权"，政府部门"一言堂"的家长式管理仍不同程度地存在。而传统司法文化的宗法伦理特征，政府权力部门干预企业经济活动等情况便难以得到有效抑制。

基于以上预期，民营资本对发展混合所有制企业是有疑问的。杨小凯等（2003）指出，在经济转轨期间游戏规则发生改变时，新规则缺乏可信性会造成社会的无序，对经济发展具有负面影响。由于民营股东对产权安全的稳定预期难以形成，民营股东便可能采取其他措施寻求产权保障的替代机制。民营资本或者"用脚投票"，不进入国有企业；或者是"劣币驱逐良币"，吸引到的民间资本要么是财务投资者，要么是怀揣其他不当目的。这些行为最终都不利于混合所有制企业产权的发展。

1.5 总结

中国传统的公私观念造成了种种"公私不分"与"公私难分"的现象，导致中国企业一定程度上存在产权残缺的问题。本章从中国传统的产权文化出发，归纳中国文化传统的产权观念。在此基础上，分析中国传统产权观念对企业现代产权发展的制约及其表现。我们认为，中国企业存在的股权"异象"是在中国独特的产权文化和制度下形成的，西方学者提出的股权理论不一定能很好地解释中国企业的股权"异象"及其对公司治理等的影响。因此，在研究中国企业股权结构及其对公司治理等的影响时，要从中国的历史与现实、产权文化与制度来理解中国企业的股权"异象"及其对研究结论可能造成的影响。

本章主要参考文献

[1] 陈信元、陈冬华、朱凯："股权结构与公司业绩：文献回顾与未来研究方向"，载于《中国会计与财务研究》，2004年第4期。

[2] 崔永东："中国传统立法文化中的道德精神"，载于《法治研究》，

2011年第10期。

［3］储小平、李怀祖:"信任与家族企业的成长",载于《管理世界》,2003年第6期。

［4］程仲鸣、夏新平与余明桂:"政府干预、金字塔结构与地方国有上市公司投资",载于《管理世界》,2008年第9期。

［5］陈湘永、张剑文、张伟文:"我国上市公司'内部人控制'研究",载于《管理世界》,2000年第4期。

［6］董超:"司法独立在中国",载于《政法论丛》,2005年第1期。

［7］费方域:"论我国国有控股公司的组建与发展",载于《经济研究》,1996年第6期。

［8］高闯、刘冰:"公司治理合约的制度基础、演进机理与治理效率",载于《中国工业经济》,2003年第1期。

［9］高闯、关鑫:"社会资本、网络连带与上市公司终极股东控制权——基于社会资本理论的分析框架",载于《中国工业经济》,2008年第9期。

［10］高玮:"中国古代社会私有财产权利分析",载于《湖北经济学院学报》,2010年第1期。

［11］顾强:"我国中小企业和民营经济的现状、问题与政策建议",载于《中国私营企业发展报告》No.5,2003年。

［12］黄韬:"为什么法院不那么重要——中国证券市场的一个观察",载于《法律和社会科学》,2012年第九卷。

［13］韩朝华:"明晰产权与规范政府",载于《经济研究》,2003年第2期。

［14］贺小刚、连燕玲:"家族权威与企业价值:基于家族上市公司的实证研究",载于《经济研究》,2009年第4期。

［15］黄少安、魏建:"国有中小企业产权改革及政府在改革进程中的角色",载于《经济研究》,2000年第10期。

［16］金太军、汪波:"经济转型与我国中央—地方关系制度变迁",载于《管理世界》,2003年第6期。

［17］Jeffrey Sachs、胡永泰、杨小凯:"经济改革和宪政转轨",载于《经济学》,2003年第2卷第4期。

［18］刘泽华、张荣明等:《公私观念与中国社会》,中国人民大学出版社

2003年版。

［19］刘小玄："国有企业与非国有企业的产权结构及其对效率的影响"，载于《经济研究》，1995年第7期。

［20］林毅夫、李周："论中国经济改革的渐进式道路"，载于《经济研究》，1993年第9期。

［21］林毅夫、李永军："中小金融机构发展与中小企业融资"，载于《经济研究》，2001年第1期。

［22］李稻葵："转型经济中的模糊产权理论"，载于《经济研究》，1995年第4期。

［23］罗党论、唐清泉："政治关系、社会资本与政策资源获取：来自中国民营上市公司的经验证据"，载于《世界经济》，2009年第7期。

［24］刘伟："当地中国私营资本的产权特征"，载于《经济科学》，2000年第2期。

［25］刘芍佳、孙霈、刘乃全："终极产权论、股权结构及公司绩效"，载于《经济研究》，2003年第4期。

［26］李增泉、辛显刚、于旭辉："金融发展、债务融资约束与金字塔结构——来自民营企业集团的证据"，载于《管理世界》，2008年第1期。

［27］刘行、李小荣："金字塔结构、税收负担与企业价值：基于地方国有企业的证据"，载于《管理世界》，2012年第8期。

［28］刘启亮、李增泉、姚易伟："投资者保护、控制权私利与金字塔结构——以格林柯尔为例"，载于《管理世界》，2008年第12期。

［29］吕长江、赵宇恒："国有企业管理者激励效应研究——基于管理者权力的解释"，载于《管理世界》，2008年第11期。

［30］李四海："制度环境、政治关系与企业捐赠"，载于《中国会计评论》，2010年第2期。

［31］李宝梁："从超经济强制到关系性合意——对私营企业主政治参与过程的一种分析"，载于《社会学研究》，2000年第1期。

［32］牛建军、李言、岳衡："经验式会计研究在中国的发展演进：十年梳理"，载于《中国会计评论》，2009年第3期。

［33］青木昌彦、张春霖："对内部人控制的控制：转轨经济中公司治理的

若干问题",载于《改革》,1994年第6期。

［34］唐跃军、左晶晶、李汇东:"制度环境变迁对公司慈善行为的影响机制研究",载于《经济研究》,2014年第2期。

［35］汪丁丁:"从'交易费用'到博弈均衡",载于《经济研究》,1995年第9期。

［36］王小鲁、樊纲、刘鹏:"中国经济增长方式转换和增长可持续性",载于《经济研究》,2014年第1期。

［37］王曦、舒元:"'摸着石头过河':理论反思",载于《世界经济》,2013年第11期。

［38］魏明海、程敏英、郑国坚:"从股权结构到股东关系",载于《会计研究》,2011年第1期。

［39］夏锦文、张华:"20世纪中国司法独立的历史进程",载于《法制现代化研究》,2009年第5卷。

［40］夏锦文:"中国传统司法文化的价值取向",载于《学习与探索》,2003年第1期。

［41］夏锦文:"世纪沉浮:司法独立的思想与制度变迁",载于《中国政法大学学报》,2004年第22卷第1期。

［42］肖耿:《产权与中国的经济改革》,中国社会科学出版社1997年版。

［43］杨瑞龙:"我国制度变迁方式转换的三阶段论——兼论地方政府的制度创新行为",载于《经济研究》,1998年第1期。

［44］严冰:《产权不完备性研究:兼论国有企业改革思路》,知识产权出版社2011年版。

［45］杨小凯、张永生:《新兴古典经济学和超边际分析》,中国人民大学出版社2000年版。

［46］易中天:《帝国的终结:中国古代政治制度批判》,复旦大学出版社2007年版。

［47］严国海:"秦皇汉武时代:古代国有产权制度的发轫和形成",载于《财经研究》,2007年第33卷第2期。

［48］尹伊君:《社会变迁的法律解释》,商务印书馆2003年版。

［49］姚洋、支兆华:"政府角色定位与企业改制的成败",载于《经济研

究》，2000年第1期。

［50］禹来："国有企业的外部人控制问题"，载于《管理世界》，2002年第2期。

［51］余明桂、潘红波："政治关系、制度环境与民营企业银行贷款"，载于《管理世界》，2008年第8期。

［52］余明桂、回雅甫、潘红波："政治联系、寻租与地方政府财政补贴有效性"，载于《经济研究》，2010年第3期。

［53］周其仁："中国农村改革：国家和所有权关系的变化（上、下）"，载于《管理世界》第3期和第4期。

［54］周其仁："公有制企业的性质"，载于《经济研究》，2000年第11期。

［55］周其仁：《产权与制度变迁：中国改革的经验研究》，北京大学出版社2004年版。

［56］张峰："产权残缺与利益公共补偿——基于市场与政府职能边界的理论探讨"，载于《中南财经政法大学学报》，2010年第4期。

［57］张峰："产权残缺论——基于转型期中国利益问题的研究"，载于《当代经济管理》，2012年第4期。

［58］周雪光："'关系产权'：产权制度的一个社会学解释"，载于《社会学研究》，2005年第2期。

［59］张宇燕、何帆："国有企业的性质（上、下）"，载于《管理世界》，1996年第5期和第6期。

［60］张维迎："控制权损失的不可补偿性与国有企业兼并中的产权障碍"，载于《经济研究》，1998年第7期。

［61］郑红亮、吕建云："中国私营经济发展30年：理论争鸣和改革探索"，载于《管理世界》，2008年第10期。

［62］赵晶、关鑫、高闯："社会资本控制链替代了股权控制链吗？——上市公司终极股东双重隐形控制链的构建与动用"，载于《管理世界》，2010年第3期。

［63］Alchian, Armen A., Demsetz, Harold, 1972. Production, Information costs, and Economic Organization. American Economic Review, 62: 777-795.

［64］Anderson, R.C. and D.M. Reeb, 2003. Founding-Family Ownership and

Firm Performance: Evidence from the S&P 500, Journal of Finance, 58: 1301–1328.

[65] Almeida, H., Wolfenzon, D., 2006. A theory of pyramidal ownership and family business groups. Journal of Finance 61, 2637–2681.

[66] Almeida, Heitor, Sang Yong Park, Marti G. Subrahmanyam, Daniel Wolfenzon, 2011. The structure and formation of business groups: Evidence from Korean chaebols. Journal of Financial Economics 99(2011):447–475.

[67] Barzel, Yoram, 1989. Economic analysis of property rights, Cambridge: Cambridge University Press.

[68] Bertrand, M., P. Mehta, and S. Mullainathan. 2002. Ferreting out tunneling: An application to Indian business groups. The Quarterly Journal of Economics 117 (1):121–148.

[69] Bae, K.,Kang, J.,Kim,J.,2002. Tunneling or value added? Evidence from mergers by Korean business groups. Journal of Finance, 57: 2695–2740.

[70] Baek, J., Kang, J., Park, K., 2004. Corporate governance and firm value: evidence from the Korean financial crisis. Journal of Financial Economics, 71:265–313.

[71] Baek, J.,Kang,J.,Lee,I.,2006.Business groups and tunneling: evidence from private securities offerings by Korean Chaebols. Journal of Finance, 61: 2415–2449.

[72] Boubakri, N., J. Cosset and O. Guedhami, 2005. Post privatization Corporate Governance: The Role of Ownership Structure and Investor Protection, Journal of Financial Economics 76, pp. 369–399

[73] Coase, Ronald. H, 1937. The nature of the firm. Economica, Vol.4, pp. 386–405.

[74] Coase, Ronald. H, 1960. The problem of social cost. Journal of Law and Economics. Vol. 3, pp.1–44.

[75] Cheung, Steven N.S., 1969. Transaction costs, risk aversion, and the choice of contractual arrangements. Journal of Law and Economics, 13: 49–70.

[76] Claessens, S., S. Djankov and L. H.P. Lang, 2000. The Separation of Ownership and Control In East Asian Corporations, Journal of Financial Economics, 58: 81–112.

[77] Claessens, S., Djankov, S., Fan, J., Lang, L., 2002. Disentangling the incentive and entrenchment effects of large shareholders. Journal of Finance 57: 2741-2771.

[78] Demsetz, H., 1967. Toward a theory of property rights. American economic review, 57: 347-373.

[79] Demsetz, H. and Lehn, K., 1985. The Structure of Corporate Ownership: Causes and Consequences, Journal of Political Economics, 93: 1155-1177.

[80] Demsetz, Harold. 1988. Ownership, Control and the Firm. Oxford: Blackwell.

[81] Doidge, Craig A., G. Andrew Karolyi, and Ren'e M. Stulz, 2003. Why are foreign firms listed in the U.S. worth more? Journal of Financial Economics 71: 205-238.

[82] Furubotn, Eirik, Pejovich, Svetozar, 1972. Property rights and economic theory: A survey of recent literature. Journal of Economic Literature 10: 1137-1162.

[83] Faccio, M. and L. Lang, 2002. The Ultimate Ownership of Western European Corporations, Journal of Financial Economics 65, pp. 365-395.

[84] Fan, Joseph P. H., T. J. Wong, Tianyu Zhang, 2012. Institutions and Organizational Structure: The Case of State-Owned Corporate Pyramids, Journal of Law, Economics, and Organization, vol. 29, issue 6, pp. 1217-1252.

[85] Grossman, S., O. Hart, 1986. The costs and benefits of ownership: A theory of vertical and lateral integration, Journal of political economy, 94: 691-719.

[86] Hart O., J. Moore, 1988. Incomplete contracts and renegotiation, Econometrica, 56: 755-785.

[87] Hart O., J. Moore, 1990. Property rights and the nature of the firm, Journal of Political Economy, 98: 1119-1158.

[88] Joel S. Hellman, Geraint Jones and Daniel Kaufmann, 2000. Seize the State, Seize the Day: State Capture, Corruption, and Influence in Transition, Policy Research Working Papers, No. 2444.

[89] Jensen, M., Meckling,W., 1976. Theory of the firm: managerial behavior, agency costs, and ownership structure. Journal of Financial Economics 3: 305-360.

[90] Johnson, S., La Porta, R., Shleifer, A., Lopez-de-Silanes., F.,2000. Tunneling. American Economic Review Papers and Proceeding 90: 22–27.

[91] Klein, B., R. G. Crawford, A. A. Alchian, 1978. Vertical integration, appropriable rents and the competitive contracting process, Journal of Law and Economics, 21: 297–326.

[92] Khanna, T., and K. Palepu, 2000. Is Group Affiliation Profitable in Emerging Markets? An Analysis of Diversified Indian Business Groups, Journal of Finance 55 (2): 867 – 891.

[93] La Porta, Rafael, Florencio Lopez-de-Silanes, Andrei Shleifer. 1999. Corporate ownership around the world, Journal of Finance 54: 471–517.

[94] Li, Hongbin, Lingsheng Meng, Qian Wang, Li-An Zhou, 2008. Political connections, financing and firm performance: Evidence from Chinese private firms, Journal of Development Economics, Volume 87, Issue 2, pp. 283–299.

[95] Morck, R., Wolfenzon, D., Yeung, B., 2005. Corporate governance, economic entrenchment and growth. Journal of Economic Literature, 43(3): 655–720.

[96] Ma, D., W. Parish, 2006. Tocquevillian Moments: Charitable contributions by Chinese private entrepreneurs, Social Forces 85: 943–964.

[97] Masulis Ronald W., Peter Kien Pham, Jason Zein, 2011. Family Business Groups around the World: Financing Advantages, Control Motivations and Organizational Choices. Review of Financial Studies, Forthcoming.

[98] North, Douglass C., 1981. Structure and Change in Economic History, New York: Norton.

[99] North, Douglass C., 1990. Institutions, Institutional Change and Economic Performance, Cambridge University Press.

[100] North, Douglass C., 2005. Understanding the Process of Economic Change, Princeton, NJ: Princeton University Press.

[101] North, Douglass C. John J. Wallis, Barry R. Weingast, 2007. Violence and Social Orders: A Conceptual Framework of Interpreting Recorded Human History, George Mason University: Mercatus Center Working Paper, No. 75.

[102] Olson, Mancur, 1965. The logic of collective action. Cambridge:

Cambridge University Press.

［103］Post, J., S. Waddock, 1995. Strategic philanthropy and partnerships for economic progress, 167–191 in Philanthropy and Economic Development, Edited by R. F. America, Westport CT: Greenwood.

［104］Reese Jr., William A., Weisbach Michael S.2002. Protection of minority shareholder interests, cross-listings in the United States, and subsequent equity offerings, Journal of Financial Economics 66: 65–104.

［105］Shleifer, A. and R.W. Vishny, 1986. Large Shareholders and Corporate Control, Journal of Political Economy 94, pp. 461–488.

［106］Shleifer, A. and D. Wolfenzon, 2002. Investor Protection and Equity Markets", Journal of Financial Economics 66, pp. 3–27.

［107］Tirole, J., 1999. Incomplete contracts: where do we stand? Econometrica, 67: 741–781.

［108］Villalonga, B. and R. Amit, 2006. How do Family Ownership, Control and Management Affect Firm Value? Journal of Financial Economics 80, pp. 385–417.

［109］Wang, H., C. Qian, 2011. Corporate Philanthropy and Corporate Financial Performance: The Role of Stakeholder Response and Political Access, Academy of Management Journal 54 (6): 1159–1181.

［110］Xiao, Geng, 1988. Truncated property rights and the difficulty of China's state-run enterprise reform, Proceedings of the fourth economic symposium of Chinese Young Economics, July 15–16, University of California at Berkeley.

［111］Zhou, Xueguang, Lulu Li, 2011. Rethinking property rights as a relational concept, Chinese Sociological Review, vol. 44, No.1, pp. 26–70.

第 2 章
企业股权特征的综合分析框架[①]

2.1 引言

越来越多的学者认识到股权特征不是外生的,而是政治、经济、法律和文化等因素共同作用的内生结果(陈信元等,2004)。现有文献对我国企业的产权制度及其导致的股权特征仍缺乏系统、深入的分析。相反地,大量研究我国企业的文献更多是套用西方成熟的理论解释中国的问题(牛建军等,2009),以致对中国企业股权的特征至今仍未解释清楚。

股权结构是股东权利在股东之间分配的结果(陈信元等,2004)。我们认为,股权特征可以从股东、股本、持股和控制权四个维度加以解构。股东和股本分别构成了企业股权的出资主体和出资实质,持股则是股权的表现形式,而根据实质重于形式的原则,股东的控制权在实质上更能体现股东在公司的影响力。股东、股本、持股和控制权这四个维度既紧密相连,又逐层递进。从国内外相关研究文献看,股权结构的研究主要包括对股东或最终控制人的类型(Villalonga & Amit,2006)、持股方式及比例(La Porta et al.,1999; Claessens et al.,2000; Faccio & Lang,2002)、最终控制人实现控制的方式(Khanna & Palepu,2000)、现金流权与控制权分离(Bae et al.,2002; Baek et al.,2006)等的形成原

[①] 本章主要根据魏明海、蔡贵龙、程敏英发表于《会计研究》(2016年第5期)的论文"企业股权特征的综合分析框架——基于中国企业的现象与理论",以及魏明海、蔡贵龙撰写的《"公""私"难分与股权"异象"——中国文化传统的影响与现实制约》研究报告的后半部分整理而成。

因和经济后果的研究。然而，现有文献大多针对其中某一个或两个维度进行分析，较少从股权结构的四个维度出发对股权结构进行全面考察。这些研究暗含的一个假设是其他股权特征在不同的公司间具有同质性，即对公司治理不具有边际影响，这显然与现实相悖。因此，本章将基于我国企业的现状，搭建包括股东、股本、持股和控制权四个维度的企业股权特征综合分析框架。首先是透过现象，描述与归纳出我国企业股权特征的四个维度及其具体特征；然后基于我国企业产权残缺的制度背景，从理论上对我国企业股权的四个维度特征进行解释；在此基础上，还探讨了运用企业股权特征综合分析框架进一步开展股权结构研究需要重点关注的若干变化。

2.2 企业股权特征综合分析框架的提出：现象描述与归纳

股东、股本、持股和控制权是股权特征分析的四个基本维度。下面分别从这四个维度系统地归纳我国企业现阶段呈现出的股权特征，目的在于全面厘清企业的股权特征。

2.2.1 股东维度

我国企业普遍存在关系股东现象（包括关联股东和隐形股东）（程敏英、魏明海，2013）。在面临融资约束、监管舆论的外部环境下，控股股东倾向于把公司各级权力部分配置给相关的股东，使其获得超额权力。股东通过各种社会关系资源构建复杂或隐蔽的关系网络，造成企业产权主体的模糊、监督难度增大，并可能诱发股东的投机行为。

2.2.1.1 关联股东

关联股东指与控股股东存在关联关系或一致行动人关系的股东，包括产权关联、亲缘关联、任职关联或一致行动人协议的股东（魏明海等，2013）。对不同产权的企业，关联股东的形成和表现不同：

国有企业由于早期的脱困、改制、行政干预等因素，形成了复杂的股东关联关系，表现为关联股东间的产权同源和行政同源。产权同源的关联股东受到同一最终控制人控制，而行政同源的关联股东表现为同属同一政府或其他行政机构管辖。国有企业改制过程中"轻改组、重上市"的思路表现为：国有企业一般将核心资产剥离出来组建上市公司，把不良资产留在存续企业，由此产生了大量产权同源的关联股东。地方政府为了推动本地企业上市,组织各种资源,搭桥牵线,投资入股,则形成了行政同源的股东网络。

以家族式组织为主要形态的民营企业,受到传统儒家"关系治理"的影响,常常形成并表现为血缘、亲缘和地缘等关联股东。民营企业"三缘"关联股东的存在,一来可以满足《公司法》规定的设立股份公司发起人个数下限的条件;二来家族成员股东更易获得彼此的信任与认同(魏明海等,2011),为企业发展带来融资优势(Almeida & Wolfenzon,2006),并在相应的管理权威配置下发挥更强的作用,提高家族企业的市场价值。

2.2.1.2 隐形股东

当公司事实上的终极股东与实际披露或法律认定的股东不一致(一般不在公司股东名册中登记注册),且事实上的终极股东难以被识别时,该公司便存在"隐形股东"现象,而这些事实上的终极股东便是该公司的"隐形股东"。

我国企业"隐形股东"主要表现为影子股东、挂名股东与隐名股东。影子股东指未实际出资但拥有公司股份,且未在股东名册登记注册的股东,其以他人名义占有公司股权,或干脆用另外的文字载体、口头协议等约定享受企业收益,因此俗称"干股股东"。挂名股东与隐名股东是相对应的两个概念。挂名股东指在公司设立过程或股权转让中产生的虽然具备股东法定形式要件,但其名下出资为他人所有(即隐名股东),缺乏出资实质要件的股东。隐名股东指虽然投资人实际认购出资,但并未在股东名册登记注册,股东名册登记为他人(即挂名股东),而不具备股东资格形式特征的出资人。

"隐形股东"的形成有着深层的制度因素,表现出来的情况也比较复杂:

(1)"三缘"关系形成的隐形股东。对民营企业来说,由于民营企业的社会关系依赖性及股东关系特性(即"三缘"),通过搭建社会关系网络隐蔽性地控股公司成为一些民营企业的选择。同时,法律对公司注册时的股东人数有严格的限制,当低于公司设立股东人数下限或高于股东人数上限时,这部分股东就只能通过隐名的方式,由他人挂名持有股份。因此,挂名股东与隐名股东在民营企业较为常见。

(2)"职工持股会"形成的隐形股东。职工持股会是国企产权制度改革的产物,通过将职工利益与企业利益绑定在一起,能够提高职工工作的积极性。而由于管理层在员工持股会中的股份并不公开,部分隐形股东因此形成。例如，海尔集团的实际控制人是由内部持股会更名而来的海尔集体资产管理协会，张瑞敏是其法定代表人，但其所持的具体股份并未公开。在非上市公司中，通过职工持股会隐蔽地控制公司的情形并不鲜见。

（3）部分国家公职人员参与形成的隐形股东。由于法律上规定国家公务员禁止参与公司经营和投资入股，且公职人员拥有较大的权力并控制着较多资源，在巨大的经济利益驱使下，这些公职人员往往通过隐名股东的方式设立公司以谋求利益。例如，周雪光（2005）发现，改革初期，一些国有企业厂长常常把生产业务转手介绍到其亲戚或朋友办的私有企业去，以避免假公济私的嫌疑。此外，通过送"干股"的形式贿赂公职人员成为官员寻租的隐蔽形式。由于公职人员掌握大量的经济和政治资源，越来越多的民营企业采取"送股"的方式贿赂公职人员，出于规避法律限制，这些公职人员一般不直接持有股份而由他人代持，因而成为了"影子股东"。

2.2.2 股本维度

股本是股东出资的证明。股东通过向企业投入资本而拥有对企业产权的要求权。在我国，民营企业与国有企业发展初期在股本上均程度不同地存在不规范，甚至违法的情形。

2.2.2.1 民企资本"原罪"

由于对民营企业的所有权歧视，民企迅速发展的背后可能伴随着各种违法或不当行为，民企"原罪"问题因此形成，并成为争论的焦点。我国经济理论界对"原罪"的定义与如何对待民企"原罪"问题分歧很大（郑红亮、吕建云，2008）。然而，一些民营企业在初创和经营中存在偷税漏税、制假贩假、走私贩私、侵吞国有资产等违反社会主义市场经济和法制基本原则的行为却是不争的事实，这些行为常被认定为民企的"原罪"。本书将企业设立初期（或上市初期）与企业资本（股本）等相关的违法违规行为定义为企业的股本"原罪"。股本"原罪"问题在民营企业较为普遍，主要包括以下情形：

（1）企业设立初期的虚假出资、虚报资本或抽逃资本等行为。这类资本"原罪"及国企民营化过程中存在的国有资产流失等问题或其他案件涉及的资本违法违规行为比较明显，因此在法律上争议不是很大。

（2）民企成立初的"红帽子"问题。"红帽子"企业指企业实质由私人资本投资设立，却在法律形式上注册为公有制企业（包括全民所有制和集体所有制），或挂靠在公有制企业之下。民企"红帽子"问题争议较大，也是民企发展过程中普遍存在的一个问题。1989年，中国科学院经济研究所曾对江苏、浙江、广东等乡镇企业发展快的省市进行访问调查，发现调查户中1/3以上的企业是挂乡镇企业牌子的私人企业。1994年国家工商局抽样调查发现83%的乡镇企业实际上是私营企业。2004年通过的宪法修正案明确规定"国家保护个体经济、私营经济等非公有制经济的合法权利和利益"，从法律上确认了私有产权的合法地位，消除了私营企业"红帽子"问题的根源（郑红亮、吕建云，2008）。但由于民企的政治依赖性及"红帽子"导致的产权纠纷迟迟未解决等原因，很多民企仍未"摘帽"。民企资本"原罪"导致其产权存在较大的不确定性和模糊性，不仅随时可能成为当地政府收缴企业主权利的正当理由（郑红亮、吕建云，2008），还常常导致企业产权的纠纷，使公私产权的权益受到不同程度的损害。

2.2.2.2 国企政策性资本

国有企业的资本大部分源于政府部门的出资。政府通常以土地所有权、政策性贷款、财政资金，甚至"白条"等出资方式对国企进行出资和注资，形成了国有企业的政策性资本。由于地方政府的权力较大且缺乏制衡，政府在为国有企业出资和注资的过程中也存在着一系列不规范的行为。

（1）土地使用权出资。土地使用权是企业重要的资产。国有企业的土地一般通过各级政府行政划拨得到，划拨得到的土地却不能作为企业的资本正常使用，其权能受到政府的严格限制。国有企业无法对划拨得到的土地进行自由处置、获取收益权及对外担保等，而政府能够随时对划拨的土地进行征收，且无需任何补偿。政府划拨的土地实质上是一种政策支持，并不能作为政府对国有企业的出资。但是，政府能够通过出让土地使用权的方式实现对国有企业的投资入股，于是可能存在以下国企资本问题：第一，国有企业对取得的划拨土地实际上没有相应的权利，可能误导企业利益相关者的相关决策（如企业债权人的借款决策，划拨土地在企业破产清算时不能作为清算资产，导致债权人利益受损）。第二，只要政府主观上愿意，随时可以将划拨的土地通过出让的方式对国企投资入股,加大对国有企业的控制。第三,土地的估值及增值可能受到政府的影响,并且在土地不断增值的情况下,政府拥有的股权权利也在相应地增大。第四,政府取得土地有时缺乏必要的合法程序,进而使国有企业取得的这部分土地使用权存在很大的不确定性。

(2)政策性债转股。国有企业资本的另一个重要来源是银行贷款。由于金融资源受到政府的严格控制,银行常常在政府压力下为国企提供贷款支持。国有企业的发展经历了从"拨改贷"到"贷改投"的过程,即国有企业资金形式从最初的国家财政预算内拨款到银行贷款,再从银行贷款转为国家对国有企业的投资入股。尽管"拨改贷"政策已经停止使用,但其遗留下来的问题至今仍然存在,"拨改贷"资金的产权归属经常会引起相应的纠纷。

(3)财政资金注资。政府向国有企业直接注资在我国是比较普遍的现象。2008年,为了降低航空企业资产负债率过高的问题,政府分别向东方航空和南方航空注入30亿元的国家资金;2012年,为了挽救经营亏损的电力企业,电力企业成为国有资本注资的重点对象。国家不断向国企注资,帮助其"做大做强",不仅堆出了部分国企"虚弱"的强大,还挤压了民营经济的发展空间,造成国有企业和民营企业产权的不公平竞争。此外,国有资本习惯性注资将强化国企高管的预期:在企业经营发生重大亏损时,政府注资将快速改善企业的财务状况,这将加大国企高管的代理问题。

(4)"白条"换股。国有股东也存在"白条"换股的现象。正如民营企业在发展初期存在虚假出资、虚报资本或抽逃资本等股本"原罪"问题,无本经营、出资不实、"白条"换股等问题在国企表现得有过之而无不及。虽然经过一系列清理整顿①,但国有企业"白条"换股和出资不实等行为屡禁不止,并产生了一些企业纠纷案件(如表2.1所示)。然而,相比于民企"原罪"问题得到法律的严格监控和处罚,国有股东发展初期存在的虚假出资或出资不足等问题却很少受到处罚。

---

① 1985年8月20日,中国国务院发布的"关于进一步清理和整顿公司的通知"、1988年10月发布的"关于清理整顿公司的决定"、1989年8月发布的"关于进一步清理整顿公司的决定",以及2001年12月国家工商行政管理总局和公安部发布的"关于整顿规范公司出资行为的通知"等,均将企业"注册资本不实"问题列为重点整顿对象。

表 2.1　　　　　　　　国有股东注册资本不实部分案例

年份	公司名称	国有股东
1997	闽福发	福州市财政局
1997	活力28	荆州市国资局
1999	西藏圣地	四川经协公司
2000	渤海集团	济南市国资局
2001	ST 金马	潮州市旅游总公司

2.2.3 持股维度

2.2.3.1 一股独大与关联持股

"一股独大""超级股东"的现象在我国普遍存在。经我们统计发现，2003~2012年上市公司控股股东的持股均值在37.84%左右，中石油的大股东在2013年持股甚至高达86.35%，表明"一股独大"是上市公司长期普遍存在的现象。本书进一步收集了关联股东的持股比例，在考虑关联持股的情况下，控股股东的持股均值增至41.61%。此外，国有企业（民营企业）的控股股东持股均值为40.79%（32.80%），而考虑控股联盟后其持股均值高达43.25%（38.11%）。国有企业控股股东"一股独大"问题显得更加严重。如果考虑企业隐形股东问题和众多非上市公司，"一股独大"问题将更加突出。

单纯强调企业股权结构"一股独大"这一笼统的特征还不足以描述我国企业股东持股的具体状况，为此需要进一步分析"一股独大"的内部结构特征。

在我国企业治理实践中，通常存在三个重要的表决权比例临界点：1/3、1/2 和 2/3。一般而言，持有出席会议的股东所持表决权或全体董事的 1/3，便能对相关事项持有一票否决权；持有出席会议的股东所持表决权 1/2 或委派董事占半数以上，便能在股东大会或董事会的一般事项决议中持有绝对话语权；持有出席会议的股东所持表决权 2/3 以上或委派董事占 2/3 以上，便能对公司合并、增减资本、修改章程、由董事会审批的对外担保等重大事项有绝对话语权。因此，以上三个表决权比例临界点成为控股股东持股的重要参考点。程敏英和魏明海（2013）的研究发现，控股股东通过关联股东安排使得其表决权比例分别接近绝对话语权（1/2）和对重大事项的绝对话语权（2/3）临界点。

2.2.3.2 复杂的金字塔持股

金字塔股权结构是指一个终极控制性股东通过控制一家公司，后者又控制另一家公司，如此类推，位于金字塔最上层的控制性股东与底层的公司形成由多个层级构成的控制链结构。

作为股东持股的一种方式，金字塔股权结构在世界范围内普遍存在（La Porta et al., 1999; Masulis et al., 2011）。作为转型经济国家，我国企业金字塔股权结构现象表现得更加突出。刘芍佳等（2003）发现，75.6%的上市公司由国家通过金字塔式控股方式实施间接控制，金字塔式持股结构在国有上市公司中极为普遍。上海证券交易所研究中心（2005）对沪市民营上市公司的研究也表明，90.19%的沪市民营上市公司采取金字塔式持股结构。此外，金字塔股权结构在企业集团表现得更加复杂。截至2011年，我国约76%的上市公司附属于企业集团。处于企业集团的上市公司，往往被安置于不同的金字塔层级，形成了复杂的股权结构。本书统计了我国2003~2012年的系族企业集团内上市公司的层级数据，发现90.3%的系族企业处于金字塔结构，大部分系族企业处于金字塔层级的第2层和第3层，且最复杂的金字塔结构的层级总数高达8层，表明我国金字塔结构的普遍性和复杂性。

2.2.4 控制权维度

在"一股一票""同股同权"的原则下，股东持股比例决定了其对企业控制权的大小。然而，关联股东的存在导致股东权利的超额配置（程敏英、魏明海，2013），隐形股东的存在则导致名义股东权利的"有名无实"，以及隐形股东权利的隐蔽性存在。关联持股与金字塔结构进一步加剧了我国企业控制权的复杂性，最终表现为企业的内部人控制和政府控制问题。

2.2.4.1 内部人控制

内部人控制是指管理层不持有本企业股权，不是企业法律上的所有者，却通过其他途径掌握了企业的控制权。内部人控制是经济转轨过程所固有的一种潜在现象（青木昌彦，1994）。计划经济制度的停滞迫使官员下放权力，企业经理获得了不可逆的管理权威，而中央计划经济解体后留下的制度真空，进一步加强了企业经理的权力。由于转轨经济过程中缺乏竞争、有效的资本市场和经理人市场，公司外部治理机制比较薄弱。内部管理层和企业职工基于共同利益形成联盟或相互"勾结",导致内部治理机制的失灵,造成严重的内部人控制问题。概括地说,我国企业内部人控制的表现形式主要包括:

(1)部分国企高管行政级别导致的超额权力。国有企业领导人既是企业高管,也是政府行政官员。国企高管的行政级别制度使得高管在企业内部拥有超额权力。由于国有企业董事长和总经理的行政级别在企业内部通常最高,处于下级的监督力量很难对董事长和总经理发挥监督和权力制衡的作用。典型的结果便是这些国企高管利用职务便利谋取私利等高管腐败行为。例如,前中石化总经理陈同海,在其任职期间利用职务便利,在企业经营、转让土地、承揽工程等方面为他人谋取利益,收受他人钱款共计人民币 1.9573 亿余元。

(2)超额薪酬和过度的在职消费。内部人控制的突出表现形式是高管的超额薪酬。国有企业高管的薪酬名义上由股东和董事会决定,实际上却是公司高管"自己激励自己"。由于国企高管在企业内部拥有超额的权力,高管常常自己设计激励组合,以获取较高的货币性收益,甚至不需要通过盈余管理迎合董事会的激励要求(吕长江、赵宇恒,2008)。由于高管薪酬受到政府的严格控制,高管转而通过在职消费弥补被削减的利益,国企高管过度的在职消费成为内部人控制的另一表现形式。

(3)内部人控制与大股东控制交织作用。在"一股独大"的股权结构下,企业内部人控制通常与大股东控制交织在一起,相互渗透,形成"你中有我,我中有你"的局面。民营企业高管大多由控股家族成员或与家族有密切关系的人员担任,容易形成高管与大股东合谋侵占中小股东权益等问题。因此,我国民营企业内部人控制往往是大股东控制的产物,这与西方国家股权分散情况下的内部人控制有所区别。

2.2.4.2 政府控制

政府控制是指行使行政职权的政府官员利用直接或间接的权力,对企业领导及经营决策进行控制,从而影响企业领导人做出不一定符合经营原则的决策。政府控制不仅削弱了企业经营者长期决策和股东投资的积极性,也可能导致政府官员的创租,及经营者与行政官员的合谋以侵占公司财产(禹来,2002)等问题。在我国特殊的制度背景下,不仅国有企业普遍受到政府的控制,民营企业也存在政府控制的问题,并且两者表现出不同的形式:

(1)国有企业受到政府部门的隐性控制。国有企业通常由政府指派相应的机构行使委托人职能。2003年,为了推进国有企业的改革和重组,完善公司治理结构,政府成立国有资产监督管理委员会(以下简称"国资委"),代表国家行使管理职能。同时,成立国有资产经营公司,负责国有企业经营职能,形成了"国资委—国有资产经营公司—国有企业"的股权控制链。然而,国有企业政府控制问题并非只能通过股权结构进行。国资委通过股权结构对国有企业行使监督管理职能,而实际上,大多数国有企业除了受到法定大股东(国资委)的"显性控制"外,还受到其他政府机关和党政部门的"隐性控制",地方国资委并不是独立的。因此,国有股东的权利配置和行使都是不完整的,国有企业股东的重大决策权受到地方政府领导人或机关部门的影响。

(2)民营企业主向政府出让部分控制权以换取保护。由于产权保护等制度缺乏或不完善,关系机制(如政治关系)往往成为民营企业的替代保护机制(Allen et al., 2005)。民营企业主或集体所有的企业通过向地方政府出让或放弃部分产权以换取一种长期、稳定的组织间关系,从而建构一个稳定有利的生存环境(周雪光,2005)。例如,企业常常向地方政府支付超过正常税收外的各种摊派费用,为地方政府所重视的项目捐赠投资(李四海,2010),企业对资产所得收入的支配权被削弱了。

(3)政府通过产业政策间接控制民营企业日常经营决策。由于政府权力较大,民营企业主的发展经常受到来自政治体制和政府管理机构及资源分配使用等方面的制约(李宝梁,2001)。政府通过出台产业限制政策或法律法规等更加隐晦的方式能够影响企业的日常经营决策,甚至控制企业的经营权。

2.3 我国企业股权特征综合分析框架的理论解释

作为一个经济转型国家,改革开放初期产权残缺是我国企业普遍存在的一个问题(李稻葵,1995;周雪光,2005;Zhou,2011),主要体现在三个方面:第一,政府干预、寻租行为依然存在。政府习惯性地干预市场经济活动,企业产权受到政府部门的约束和控制。部分政府官员为了追求个人私利,利用权力创租寻租。寻租的过程是对现有产权的重新分配,部分企业通过寻租谋取产权保护往往会削弱其他企业的产权,制约了整个社会的产权和经济发展(Hellman et al., 2000)。第二,执法权力配置依然呈现出"重行政、轻司法"的特征(黄韬,2012)。司法部门长期受制于行政而难以独立(夏锦文,2004),

使司法体系难以对权力部门侵犯产权等活动进行规制,"司法弱化"限制了我国现代产权制度的发展。第三,民营企业依然存在一定程度的制度歧视。民营企业在资源的获取(如银行信贷)、行业的准入、竞争手段的选择等产权主体应有的权利上都受到多种限制,其产权权能得不到应有保障。

制度对经济的正常运作至关重要,尤其是明晰的产权制度。产权作为一种社会工具,其重要性就在于产权能帮助个人形成他与其他人进行交易时的合理预期(Demsetz,1967)。如果市场参与者无法对未来交易形成稳定的预期,参与者将偏好于短期决策,这将导致市场种种短期投机行为。因此,产权残缺会扭曲和异化产权主体的行为并导致资源的无效配置(Furubotn & Pejovich,1972),甚至不利于国家经济的发展(North,1990)。值得注意的是,在我国经济转型过程中,产权残缺一定程度上也是企业或个人主动实施的,对组织所处环境的积极适应(Zhou,2011)。产权并非越明确越好,在某些情况下,模糊的产权比清晰界定的产权更有效率(杨小凯、张永生,2000)。李稻葵(1995)也提出,产权模糊是企业家在市场不完善的转型经济下自愿选择的结果,短期内相对有效,但从长远来看,模糊的产权安排是低效的。

作为附着于物上的"权力束",产权在微观企业中表现为剩余控制权和剩余索取权。股东以其出资额为限对企业产权行使相应的权利,是企业产权的主体。股东对企业产权的占有通过持有股权的形式表现出来,不同类型股东的持股比例及其相互关系则形成了企业的股权结构。产权通过预期影响产权主体的行为(Demsetz,1967)。英国、美国等发达国家产权保护较好,公有产权与私有产权界限相对清晰和明确,股东权利受到法律较好的保护,企业的股东行为及其股权结构更多是自由市场交易的结果。而在产权残缺的制度环境下,企业产权受到政府影响程度较大,产权模糊和不确定性程度较高,股东行为和企业行为都可能出现异化。

首先,股东作为企业产权的主体,拥有行使企业产权的权利,包括使用权、转让权和收益权。处于转型时期的中国,由于产权保护较弱及制度环境的约束,企业常常通过产权的弱化和妥协来换取与重要资源所有者之间长期稳定合作的关系纽带,构建一个稳定有利的生存环境(周雪光,2005),因此形成了复杂的股东关系网络。其次,由于对私有产权的长期控制,以及预期到私有产权随时可能发生变化的风险,私有产权主体在产权形成初期可能存在机会主义行为。以上因素导致了我国民营企业与国有企业在发展初期均普遍存在不规范行为，尤其是与企业股本相关的行为。再次，在弱产权保护的中国，行为主体有动机利用制度缺陷侵占他人产权，同时也会寻求保护机制维护自身财产权益，这些动机会影响股东的行为表现。"一股独大"和金字塔持股是我国产权发展制约下产权主体的理性选择，既是在弱产权保护下投资者自我保护的替代机制（Shleifer & Vishny, 1986），也是在弱产权保护下侵占他人产权的便捷渠道（Johnson et al., 2000）。最后，由于我国产权保护较弱及国有企业的产权虚置，放权让利的国企改革常常导致企业内部人控制。而由于计划经济时代遗留的政府干预惯性，企业常常受到政府各种显性或隐性控制，形成了企业的"政府控制"现象。

综上所述，政府干预、司法弱化和产权歧视等因素导致中国企业的产权残缺问题，而产权残缺的制度背景则分别从股东、股本、持股与控制权四个维度异化企业的股权特征，表现出一些特定的股权现象，包括关联股东与隐形股东、民企资本"原罪"与国企政策性资本、一股独大与金字塔持股、内部人控制权与政府控制等（如图2.1所示）。

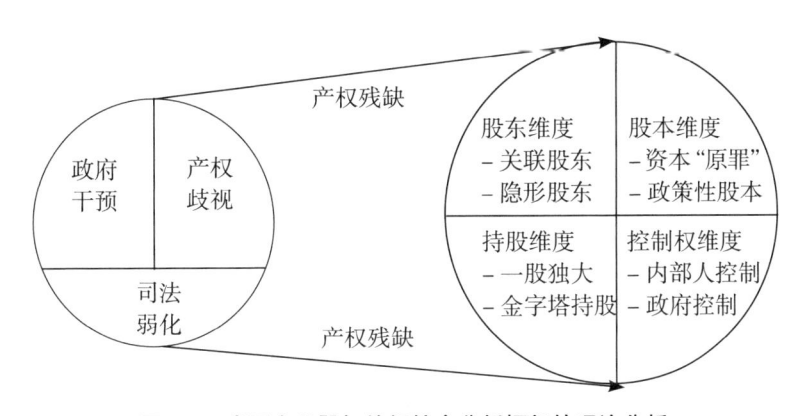

图2.1 我国企业股权特征综合分析框架的理论分析

2.4 企业股权特征综合分析框架的应用：新的关注点与研究方向

股权特征对企业管理层与股东行为、公司治理机制均产生重大的影响，是公司治理的基础。本书归纳形成的企业股权特征综合分析框架，不仅是对我国企业实践的总结，还有助于启迪并促进以下新的研究。

股东维度：从显性关系到隐性关系拓展，更加关注关联股东和隐形股东的影响。关联股东的研究近年来逐渐受到关注（魏明海等，2011；程敏英、魏明海，2013），隐形股东则一直被学术界忽视。当股东通过隐性契约"退居二线"，幕后控制企业时，隐形股东由于缺少监督，自然可以低成本地从事一些投机活动。首先，由于股东间关系的复杂化和隐蔽性，控股股东的掏空问题成为我国公司治理的一大难题。因此，隐形股东有助于解释企业的掏空问题。其次，西方文献认为股权制衡能够制约和监督大股东，改善公司治理，然而国内学者却普遍发现股权制衡对公司治理的失效（朱红军、汪辉，2004；徐莉萍等，2006）。当存在关联股东和隐形股东时，表面制衡的股权结构安排，可能是大股东从事合谋"掩人耳目"的手段。因此，隐形股东也可能有助于解释制衡失效和股东合谋等问题。最后，隐形股东的存在可能会威胁企业会计信息的披露质量。以关联交易信息披露为例，隐形股东的制度安排可能规避关联交易信息的披露要求和关联交易的法规约束。在存在隐形股东的企业中，公司会计信息披露质量是否更低？其信息披露策略是否存在差异？关注关联股东和隐形股东不仅有助于解释会计信息披露质量的差异，还有助于完善信息披露的监管。

股本维度：从名义资本投入到真实资本投入，重新审视股东行为。首先，民企资本"原罪"问题导致民企产权存在较大的不确定性和模糊性，一方面，股东将表现出更多的短期行为和机会主义倾向，"原罪"问题能够解释企业存在的掏空、利益输送等公司治理乱象；另一方面，股本的不确定也增加了企业股权融资的风险和成本，我国企业呈现"重银行信贷、负债融资，轻股权融资"的融资结构也可能受到资本"原罪"问题的影响。其次，寻求产权保护是企业海外上市的动机之一（Reese & Weisbach，2002）。通过在投资者和产权保护较好的国家或地区上市，股东权利能够得到更好的保护，企业的市场价值也较高（Doidge et al., 2003）。资本存在较高的不确定性促使更多的企业通过海外上市寻求自身权益的保护。因此，"原罪"问题很可能较大程度地影响企业海外上市的决定。同样地，出于对自身产权保护缺乏安全保障的预期，越来越多的企业家通过海外移民将资产转移到其他产权保护较好的国家。"原罪"问题对企业家移民行为的解释力度有多大？如何留住企业家人才？这些问题都值得学术界给予更多的关注。最后，不同于西方国家企业的股东出资方式，我国企业股东的出资形式多样且复杂。如何从会计上对股东出资的方式、范围和作价等进行界定以更好地体现股东出资的实质？对这些问题的回答有助于界定股东的出资权，并规避日后股东间产权纠纷案件的发生。

持股维度：从直接的持股比例延伸到重要持股节点和持股层级，深化对重要持股节点和持股层级动机和影响的研究。"一股独大"、金字塔持股等问题已经得到较多的研究。然而，仅仅关注"一股独大"仍显得比较笼统，难以细致地分析中国企业的持股表现。在一些重要的表决权比例临界点附近，股东间关系更加微妙，股东行为也可能存在激烈的变化。因此，关注这些重要持股节点才能更完整地解释"一股独大"的问题。此外，关于金字塔结构的形成及其动态演变过程等的研究仍然较少（Almeida et al., 2011），我国企业复杂的金字塔结构既提供了一个好的研究背景，也要求我们对金字塔结构的形成机理进行更加深入的研究。

控制权维度：从"同股同权"拓展到股权与控制权的背离，更加关注企业的控制权安排及其影响。理论上，股东的持股比例决定了其在公司的控制权大小，但如果存在内部人控制和政府控制问题，股东的控制权与股权可能存在冲突，控制权争夺成为我国企业公司治理的一个突出问题。研究我国企业的股权结构，仅从持股的角度分析是远远不够的，还应关注企业的控制权安排。一方面，当股东的控制权与所有权不匹配时，控制权私利不可避免。在存在内部人控制和政府控制问题的企业中，控制权私利是否更加严重？企业的真实控制人如何识别？通过怎样的控制权安排和信息披露，控制权问题诱发的代理问题能得到有效的缓解？回答以上问题，对完善我国公司治理具有重要的意义。另一方面，政府对企业的隐性控制是我国企业的一种特殊治理现象。尽管政府对企业的显性控制已受到较多的关注，但政府对企业的隐性控制仍少有研究。政府官员的腐败与企业家的寻租行为是我国政府和公司治理的"顽疾"，严重制约了公司治理生态环境的构建和发展。政府的隐性控制如何影响政府官员、企业股东和高管的行为？是促进抑或削弱了企业价值？这些问题都值得进一步的关注。

本章主要参考文献

［1］程敏英、魏明海："关系股东的权力超额配置"，载于《中国工业经济》，2013年第10期。

［2］陈信元、陈冬华、朱凯："股权结构与公司业绩：文献回顾与未来研究方向"，载于《中国会计与财务研究》，2004年第4期。

［3］黄韬："为什么法院不那么重要——中国证券市场的一个观察"，载于《法律和社会科学》，2012年第9期。

［4］李稻葵："转型经济中的模糊产权理论"，载于《经济研究》，1995年第4期。

［5］刘芍佳、孙霈、刘乃全："终极产权论、股权结构及公司绩效"，载于《经济研究》，2003年第4期。

［6］吕长江、赵宇恒："国有企业管理者激励效应研究——基于管理者权力的解释"，载于《管理世界》，2008年第11期。

［7］李四海："制度环境、政治关系与企业捐赠"，载于《中国会计评论》，2010年第2期。

［8］李宝梁："从超经济强制到关系性合意——对私营企业主政治参与过程的一种分析"，载于《社会学研究》，2001年第1期。

［9］牛建军、李言、岳衡："经验式会计研究在中国的发展演进：十年梳理"，载于《中国会计评论》，2009年第3期。

［10］青木昌彦、张春霖："对内部人控制的控制：转轨经济中公司治理的若干问题"，载于《改革》，1994年第6期。

［11］魏明海、程敏英、郑国坚："从股权结构到股东关系"，载于《会计研究》，2011年第1期。

［12］魏明海、黄琼宇、程敏英："家族企业关联大股东的治理角色——基于关联交易的视角"，载于《管理世界》，2013年第3期。

［13］王国静、田国强："金融冲击和中国经济波动"，载于《经济研究》，2014年第3期。

［14］肖耿：《产权与中国的经济改革》，中国社会科学出版社1997年版。

［15］徐莉萍、辛宇、陈工孟："股权集中度和股权制衡及其对公司经营绩效的影响"，载于《经济研究》，2006年第1期。

［16］夏锦文："世纪沉浮：司法独立的思想与制度变迁"，载于《中国政法大学学报》，2004年第1期。

［17］杨小凯、张永生：《新兴古典经济学和超边际分析》，中国人民大学

出版社 2000 年版。

［18］禹来："国有企业的外部人控制问题"，载于《管理世界》，2002 年第 2 期。

［19］周雪光："'关系产权'：产权制度的一个社会学解释"，载于《社会学研究》，2005 年第 2 期。

［20］郑红亮、吕建云："中国私营经济发展 30 年：理论争鸣和改革探索"，载于《管理世界》，2008 年第 10 期。

［21］赵晶、关鑫、高闯："社会资本控制链替代了股权控制链吗？——上市公司终极股东双重隐形控制链的构建与动用"，载于《管理世界》，2010 年第 3 期。

［22］朱红军、汪辉："'股东制衡'可以改善公司治理吗？——宏智科技股份有限公司控制权之争的案例研究"，载于《管理世界》，2004 年第 10 期。

［23］祝继高、王春飞："大股东能有效控制管理层吗？——基于国美电器控制权争夺的案例研究"，载于《管理世界》，2012 年第 4 期。

［24］Allen, F., Qian Jun, Qian Meijun. 2005. Law, Finance and Economic Growth in China. Journal of Financial Economic, 77 (1): 57–116.

［25］Almeida, H., Wolfenzon, D. 2006. A theory of pyramidal ownership and family business groups. Journal of Finance, 61: 2637–2681.

［26］Almeida, H., Sang Yong Park, Marti G. Subrahmanyam, Daniel Wolfenzon, 2011. The structure and formation of business groups: Evidence from Korean chaebols. Journal of Financial Economics 99(2011):447–475.

［27］Bertrand, M., Mehta, P., Mullainathan, S. 2002. Ferreting out tunneling: An application to Indian business groups. The Quarterly Journal of Economics, 117 (1):121–148.

［28］Bae, K., Kang, J., Kim, J. 2002. Tunneling or value added? Evidence from mergers by Korean business groups. Journal of Finance, 57: 2695–2740.

［29］Baek, J., Kang, J., Lee, I. 2006. Business groups and tunneling: evidence from private securities offerings by Korean Chaebols. Journal of Finance, 61: 2415–2449.

［30］Boubakri, N., Cosset, J., Guedhami, O. 2005. Post privatization Corporate

Governance: The Role of Ownership Structure and Investor Protection, Journal of Financial Economics 76, pp. 369–399.

[31] Claessens, S., Djankov, S., Lang, L.H.P. 2000. The Separation of Ownership and Control in East Asian Corporations. Journal of Financial Economics, 58: 81–112.

[32] Demsetz, H. 1967. Toward a theory of property rights. American economic review, 57: 347–373.

[33] Demsetz, H. 1988. Ownership, Control and the Firm. Oxford: Blackwell.

[34] Doidge, Craig A., G. Andrew Karolyi, Ren´e M. Stulz. 2003. Why are foreign firms listed in the U.S. worth more? Journal of Financial Economics, 71: 205–238.

[35] Furubotn, E., Pejovich, S. 1972. Property rights and economic theory: A survey of recent literature. Journal of Economic Literature, 10: 1137–1162.

[36] Faccio, M., Lang, L. 2002. The Ultimate Ownership of Western European Corporations, Journal of Financial Economics, 65: 365–395.

[37] Fan, Joseph P. H., Wong, T. J., Zhang, T. 2012. Institutions and Organizational Structure: The Case of State-Owned Corporate Pyramids. Journal of Law, Economics, and Organization, 29 (6): 1217–1252.

[38] Hellman, J.S., Jones, G., Kaufmann, D. 2000. Seize the state, seize the day: state capture and influence in transition economies, Journal of Comparative Economics, 31 (4): 751–773.

[39] Johnson, S., La Porta, R., Shleifer, A., Lopez-de-Silanes., F. 2000. Tunneling. American Economic Review, 90: 22–27.

[40] Khanna, T., Palepu, K. 2000. Is Group Affiliation Profitable in Emerging Markets? An Analysis of Diversified Indian Business Groups. Journal of Finance, 55 (2): 867–891.

[41] La Porta, R., Lopez-de-Silanes, F., Shleifer, A. 1999. Corporate ownership around the world. Journal of Finance, 54: 471–517.

[42] Masulis, R.W., Pham, P. K., Zein, J. 2011. Family Business Groups around the World: Financing Advantages, Control Motivations and Organizational Choices. Review of Financial Studies, 24: 3556–3600.

［43］North, Douglass C., 1990. Institutions, Institutional Change and Economic Performance, Cambridge University Press.

［44］Reese Jr., William A., Weisbach Michael S. 2002. Protection of minority shareholder interests, cross-listings in the United States, and subsequent equity offerings. Journal of Financial Economics, 66: 65–104.

［45］Shleifer, A., Vishny, R.W. 1986. Large Shareholders and Corporate Control. Journal of Political Economy, 94: 461–488.

［46］Shleifer, A., Wolfenzon, D. 2002. Investor Protection and Equity Markets. Journal of Financial Economics, 66: 3–27.

［47］Villalonga, B., Amit, R. 2006. How do Family Ownership, Control and Management Affect Firm Value? Journal of Financial Economics, 80: 385–417.

［48］Xiao, G. 1988. Truncated property rights and the difficulty of China's state-run enterprise reform. Proceedings of the fourth economic symposium of Chinese Young Economics, July 15–16, University of California at Berkeley.

［49］Zhou, X., Li, L. 2011. Rethinking property rights as a relational concept. Chinese Sociological Review, 44 (1): 26–70.

第 3 章
从股权结构到股东关系[①]

3.1 引言

股权结构是近 80 年来备受关注的话题,国内外学者对其成因和影响开展了广泛的研究。其中,对股权结构定性或定量的测度是所有研究开展的基础。然而,现有文献大多仅从产权的角度,在垂直方向上以股东或最终控制人的类型、持股方式和股权比例对股权结构进行刻画,存在明显的局限性。

本书从横向网络以及股东之间多种形式的契约出发,考察股东关系对公司产权分布体系的影响。我们认为,仅关注股东与公司之间的产权关系可能会对公司股权结构和代理问题产生误判。股东关系严重左右股东之间的利益构成和势力格局,对正确划分企业内部人和外部人、分析公司的代理冲突和治理机制、保护投资者的利益等方面有重要影响。股东关系通过显性和隐性等多种形式的契约确立,有产权、亲缘、地缘、战略投资、承销保荐等多种表现,广泛存在于国有企业和家族企业中,并在部分文献和法规中有所体现。在股东关系的框架下,我们重新认识了公司股东的产权、利益和势力结构,并用一套指标体系对股东关系进行了刻画,这将有助于深化和拓展对股权结构、公司治理与投资者保护的研究。

---

① 本章主要根据魏明海、程敏英、郑国坚发表于《会计研究》(2011 年第 1 期)的论文"从股权结构到股东关系"整理而成。

3.2 围绕股权结构开展的学术研究

自1932年伯利和米恩斯（Berle & Means）的《现代公司与私有产权》问世以来，大量文献围绕股权结构对股东、经理人员和公司行为的影响开展理论分析与实证研究。这些文献从内容上大致可归纳为以下四个方面：

（1）描述现代公司股权结构的特征，包括一国研究（Prowse, 1992; Chernykh, 2008）和跨国比较研究（La Porta et al., 1999; La Porta et al., 2002; Claessens et al., 2000; Faccio & Lang, 2002）。

（2）分析股权结构的形成原因和决定因素，包括公司特征（Demsetz & Lehn, 1985）、外界环境（Himmelberg et al., 1999; Desai et al., 2004; Boubakri et al., 2005; Chernykh, 2008）以及股东根据自身偏好而进行的股权结构设计与选择（Booth & Chua, 1996; Brennan & Franks, 1997; Kathare, 1997; Dahlquist & Robertsson, 2001）。

（3）考察公司股权结构的影响，包括对经理行为的影响，如建造"个人帝国"（Jensen & Meckling, 1976; Jensen, 1986; Stulz, 1990; Denis et al., 1997a）、操纵信息（Koch, 1981; Niehaus, 1989; Warfield et al., 1995）、堑壕防御（Jensen & Ruback, 1983; Denis et al., 1997b）等；对股东行为的影响，如隧道挖掘（Johnson et al., 2000）、下派内部人（Volpin, 2002）、低效投资（Sapienza, 2004）、掩盖信息（Fan & Wong, 2002; Anderson et al., 2009）、获取控制权收益（Dyck & Zingales, 2004）等；对公司治理机制的影响，如股东投票（Gordon & Pound, 1993）、董事会结构（Denis & Sarin, 1999）、董事会的监督能力（Mak and Li, 2001）等；以及对公司绩效和价值的影响（La Porta et al., 2002; Claessens et al., 2002）。

（4）分析其他因素对股权结构作用的影响，如公司成长性、公开性或行业特征（McConnell & Servaes, 1995; Joh, 2003; Warfield et al., 1995）、公司治理机制（Villalonga & Amit, 2006），以及外部市场环境与法律环境（Shlifer & Vishny, 1986; Lins, 2003; Haw et al., 2004）等。

从研究设计的角度看，描述性统计、单因素分析和构建回归模型进行多因素分析仍是主要的实证研究技术。在研究股权结构与其他因素之间的关系时，通常需要先回答股权是外生的还是内生的这样一个作为假设基础的问题，或者通过两阶段回归（Cho，1998）、特定样本（Core & Larcker，2002）、事件研究（Lemmon & Lins，2003）、双重差分（Fahlenbranch & Stulz，2009）等方法解决可能存在的股权内生问题。但无论研究何类实证话题，或者采用何种研究设计，都离不开一个重要前提，即对股权结构特征的描述和刻画。

3.3 已有文献对股权结构的认识与刻画

人们对股权结构特征的认识大致可划分为两个阶段：第一个阶段以伯利和米恩斯（1932）为起点和基础，主要研究股权高度分散公司存在的第一类代理冲突；第二个阶段以 LLSV（1999）为分界点，侧重研究股权相对集中公司存在的第二类代理问题。

3.3.1 以股权高度分散为基础的股权结构刻画方式与研究路线

在分散持股的现代企业框架下，大部分文献关注公司所有者与经营者分离而导致的代理问题。研究主要从两个维度刻画公司的股权结构：一是股权集中度，用以回答公司是否存在控股股东和公司控制人（控股股东或管理层）控制力的大小；二是公司控制人与其他股东的类型，用以替代股东的目标和所拥有的信息及能力。上述两个维度是相互关联的，因为各方股东的持股比例和类别特征，会同时决定其参与公司治理的动机和能力，从而构成公司内部人和外部人的格局划分和势力对比。传统的文献大都以某一特定的持股水平为标准，识别公司的股权属于集中型还是分散型，从而把企业区分为所有者控制或经营者控制；然后按照控制人的类型分析其动机、效率和获取资源的能力，并用股权集中度指标衡量其达成目标的能力大小；有的还进一步考察其他股东的类型和持股对控制人行为、公司治理决策，以及企业价值和业绩等因素的影响（Cubbin & Leech，1983；Jensen & Warner，1988）。

虽然在少数文献在发现各国公司的股权存在一定程度的集中以后（Demsetz & Lehn，1985），开始关注大股东的身份和作用（Shleifer & Vishny, 1986; Grossman & Hart, 1988），但对公司股权的刻画，依旧围绕股权集中度和股东类型两个方面的特征来开展。这些指标除了在刻画的角度上比较单一外，另一明显特征是，他们都是对公司第一层次的股权结构特征，也即直接持股人的特征和持股状况进行描述，刻画出来的是一个横向的、水平的、单一层次的股权结构。

3.3.2　以股权相对集中为基础的股权结构刻画方式与研究路线

波特等（La Porta et al., 1999）、克莱森斯等（Claessens et al., 2000）、法西奥和朗（Faccio & Lang, 2002）的三篇论文分别考察了世界上的 27 个国家、东亚的 9 个国家和西欧的 13 个国家上市公司的股权结构，他们指出：分散的股权结构仅在投资者保护比较好的少数几个国家较为普遍（如美国、加拿大和英国等），大多数国家的大型公司都有控股股东，并且这些股东对公司治理有重要影响。他们将股权集中情况下的焦点从控股股东转向终极控制人（Ultimate Owners），认识到现代公司的股权并非完全分散的，也不是完全集中的，而是由最终控制人以公司的部分所有权实现对公司的完全控制。最终控制人对公司投票权与现金流权的分离，是普遍存在于现代企业中的所有权与控制权分离的另一种形式。

这样，大量文献开始关注相对集中股权下大股东与中小股东之间的代理冲突，并主要从三个维度对相对集中的股权结构进行刻画：一是最终控制人的类型；二是最终控制人对公司实现控制的方式、链条或网络；三是最终控制人持有的投票权、现金流权和它们之间的分离程度。研究思路也在第一类代理问题的基础上有所拓展：以最终控制人的类型取代控股股东的类型，以讨论其目标、能力与信息范围；以最终控制人的投票权取代控股股东的持股比例，作为公司控制人实际控制力的衡量；以最终控制人的控制方式和两权分离的程度，表示最终控制人侵占中小股东利益的方式和能力；最后，从控制人的类型、控制方式、控制力和两权分离的程度对其行为的影响进行理论分析或实证检验，再进一步考察其他股东的类型和持股比例对控制人行为及其结果的影响。

迄今为止，围绕股权结构所开展的经验研究说明人们对公司股权的认识已从水平方向发展到垂直方向，从单一层次的股权分布拓展成了一个立体的架构。表 3.1 总结了主流文献对股权结构进行刻画的主要方式。

表 3.1　已有主流文献对股权结构的刻画方式

	A. 股东类型
按产权性质	个人或家族；政府；共同基金；金融公司；保险公司；养老基金；外国投资者
按信息优势	管理层（董事、高管）股东；普通职员股东；（当地）机构投资者
按持股数量	控股股东；大宗股份持有者；前 N 大股东

续表

	A. 股东类型
按持股时间	首次公开募股前／首次公开募股时／首次公开募股后 N 年存在的股东
按股东身份	创业股东；家族继承股东；客户股东；当地股东；风险投资者；战略投资者
按股东关系	关联企业；一致行动人
按交易方向	买涨股东
按流动性	流通股东
按投资风格	激进型；成长型；价值型；股利型；乐观型；高／中／低换手率型（机构投资者）
	B. 股权集中度／制衡度
虚拟变量	控股股东是否存在；是否一股独大；是否存在除控股股东以外的大宗股份持有者 股权集中／中度集中／分散（据第一大股东持股比例划分）
持股比例	某类型股东的持股比例／平均持股比例／某区间的持股比例／持股比例变动
相对持股比例	前 N 大股东与其他股东的持股之比；高管持股市值与年薪之比
赫芬达指数	前 N 大股东持股比例的平方和
股东数目	股东总数；非管理层股东数目
	C. 最终控制人类型
个人或家族；国家；地方政府；联邦政府；股权分散的金融企业；股权分散的非金融企业	
	D. 最终控制人实现控制的方式
直接控股；交叉持股；金字塔控制链；单类股票；双重股票；委派高管；联营；特许经营	
	E. 最终控制人的控制力
现金流权	管理层／控股股东／大宗股份持有者的现金流权
投票权	管理层／控股股东／大宗股份持有者的投票权
投票权–现金流权杠杆	管理层／控股股东／大宗股份持有者的投票权与现金流权之比
投票权–现金流权分离度	管理层／控股股东／大宗股份持有者的投票权与现金流权之差
话语权–所有权杠杆	占董事会席位比例与持股比例之比

3.3.3 已有主流文献对股权结构特征刻画：小结与思考

现有文献从考察公司直接股东之间的相对权力，发展到以终极产权的视角"鸟瞰"公司的整个股权结构，这种演变启发了我们对股权结构刻画方式的新的关注和思考。

3.3.3.1 现有刻画方式的特点：基于产权关系的垂直架构

股权结构的现有刻画方式有两个明显的特征：一是该架构勾勒出公司与股东、股东与其上级股东之间的投资关系，视觉方向是单一垂直向上延伸的，像一棵倒放的树权，而不是一个网络。二是这些指标刻画的都是公司与股东之间通过正式契约订立的产权关系，并用这种产权关系的差异代表各种主体的产权地位，而忽略了股东之间其他形式的契约关系，以及这些关系对其地位的影响。总而言之，现有文献对股权结构的理解都是从法律的、正式契约的角度出发，看到的是垂直方向上的产权关系。

但在新兴经济体中，市场化程度较低、法律体系尚不健全，出于风险、交易频率和交易可持续性等因素考虑，公司与股东、股东与股东之间可能还需要除正式契约以外的各种各样的隐形契约或关系型合同来达成共同投资、共担风险的交易（Williamson，1979）。而且，即使不考虑国家体制和资本市场的成熟度，由于新进老退、血缘姻亲、创业守业等企业运作和社会网络的客观存在，无论是在发达国家还是新兴市场中，公司与股东、股东与股东之间也可能存在着除产权关系以外的千丝万缕的其他关系。如果这种由非法律、非正式的契约确立下来的关系确实存在，那么，现有文献对股权结构的描述和刻画就是有限的。我们对股权结构的认识可以从倒树权型的产权框架，发展为一个动态的、更为立体的、以产权和其他各种关系编织起来的股东网络。

3.3.3.2 现有的刻画指标体系：基于信息地位或产权地位的两分法

从现有指标的分类体系看，已有文献是围绕第一类代理问题和第二类代理问题的研究需要来划分利益冲突双方，并对其特征进行刻画的。在第一类代理问题的研究框架下，通常划分管理层或任管理层职位的股东（内部人）与不任管理层职位的股东（外部人）。在第二类代理问题的研究框架下，通常划分控股股东（内部人）与中小股东（外部人）。但如果内部人与其他股东之间存在着远近亲疏的关系差别，那么公司控制人与其他投资者之间的权力对比和制约关系，就不能用职位或产权来概括，以现有刻画指标来研究两类代理冲突及其治理机制可能会有失偏颇。

例如，在第一类代理问题的研究框架下，股东持股越多，越有动机对管理层进行监督；管理层持股越多，他们与股东的利益越一致。因而在管理层持股较少、其他股东持股较多的水平上，管理层持股的增加能发挥激励效应。当管理层持股比例不断增加并达到一定程度时，外部人对其进行监督的难度增大，管理层以其他投资者的利益为代价谋求个人利益的动机和能力倍增，从而产生堑壕效应（Morck et al., 1988; Stulz, 1990）。但是，如果外部股东和管理层之间有较密切的关系，外部股东对管理层的监督可能会失效，甚至两者合谋（Collision），因而管理层可在较低的持股水平下实现堑壕防御。更明确地说，因未在公司任职而被以往文献定义为外部人的公司股东，有可能因为与管理层之间的关系而应被视为内部人。

在第二类代理问题的框架下，当法律体系对投资者的保护较弱、所有权与控制权的分离程度较高时，公司控股股东或实际控制人可能以各种方式侵占中小股东的利益（Johnson et al., 2000），获得控制权收益（Dyck & Zingales, 2004），毁损公司价值（Shleifer & Wolfenzon, 2002）。如果不考虑股东关系，其他大股东（Blockholders）的存在能对控股股东形成制衡（Faccio et al., 2001; Volpin, 2002）。但如果其他大股东与控股股东之间存在非正式契约或密切的关系，那么这种牵制作用便可能消失，控股股东的掠夺行径不能被监督和遏制。关系股东之间甚至可能形成联盟，一同侵害其他小股东的利益。

根据以上分析，如果考虑内部人与外部人之间的隐形契约和非产权关系，两类代理问题研究框架下的内部人（包括管理层和控股股东）与外部人，都不能以现有文献的方法来进行划分和研究，而需要对他们的身份及其之间关系进行考察之后，再给予细致的归类。考虑股东之间的关系后，在所谓的外部人一方，可能存在与内部人关系密切的股东，他们与内部人之间并不存在利益冲突或信息劣势，反而极有可能是利益共同体和信息分享者；他们并不会进行监督，制衡力量失效，甚至会倒戈相向，与强势股东一同侵占其他弱势股东的利益。这样，所谓的外部人股东并不应该视为一个整体，而应进一步划分为内部人股东的关系股东和非关系股东。由此，原来的两分法需重新划分，甚至发展为更为细致和科学的三分法。如果对股东之间的划分发生改变，一些已有文献的研究方法便值得怀疑，结论可能会被改写。

图 3.1 展示了不考虑股东关系和考虑股东关系两种情形下，以势力大小和利益一致性为依据划分的股东阵型。

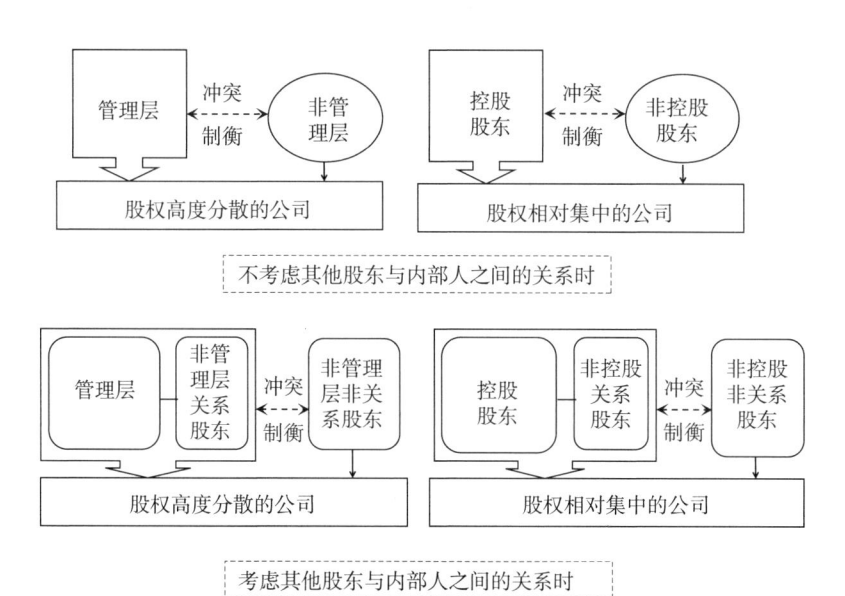

图 3.1 公司内部人与外部人的划分及其与外部人的关系

3.4 股东关系的存在、表现和影响：一些文献支持和相关法规

虽然迄今为止未见文献直接提出股东关系的概念并对其进行系统研究，但在公司治理相关的文献中，已关注到股东关系的存在，并对其存在的原因和影响进行理论推导。如本内森和沃尔芬森（Bennedsen & Wolfenzon，2000）以不存在股权转售的市场为背景研究股权集中的公司，认为公司创立者能通过引入几个大股东，强迫他们形成联盟以获得控制权。在实证研究方面，个别文献关注到特定的股东关系并对其原因和影响进行分析。菲等（Fee et al.，2006）考察了 10000 多组客户—供应商关系以及客户是否持有供应商的股权，发现虽然很多关系的持股规模有限，但伴有持股关系的客户—供应商关系能持续更长久，股权有助于绑定商业伙伴关系。

除了大样本检验以外，一些案例研究也涉及关系股东和股东联盟的存在和影响。崔宏、夏冬林（2006）关注到兴业房产（600603）的两个有趣现象：一是虽然股权全流通且非常分散，但公司上市以来几乎无人问津，二是虽然第一大股东也几易其手，但公司的董事会与经理层却是"坚如磐石"。主要原因是，公司发起之时股权都是国有性质，且多数股东是城建与房地产行业的企业，属于同一级同一部门主管之下；虽然各股东持股比例较小，但初步形成了一个由国有股东和国有控股公司联袂长期持股的松散股权联盟，使可能的收购行为望而却步。

此外，一些文献中得到的检验结果也可能需要通过股东关系来解释。如梁杰等（2004）用第二到第十大股东的持股比例之和与第一大股东的持股比例相除，以反映其他大股东对第一大股东权力的牵制力量，发现股权制衡度与财务报告舞弊显著正相关，与预期假设相违背。他们认为，可能的原因是我国许多上市公司的第一大股东都与其他前几位大股东有或多或少的关联关系，这样就无法形成真正意义上的制衡关系，但他们所定义的股权制衡度却无法反映这些"灰色信息"，致使研究出现了偏差。

另外一些文献对股东关系的关注主要体现在研究变量的设计上。如吉兰和斯塔克斯（Gillan & Starks，2000）发现股东发起人身份的差异会使股东提案的结果有系统性差异，机构投资者或其联盟比个人发起人得到更多的支持，股票市场反应因提案问题和发起人身份的不同而有所差异。白等（Baek et al.，2004）在研究1997年韩国金融危机对不同股权结构特征的公司的股价影响时，区分了管理层及其家族成员股东、关联企业股东和非关联企业股东。一些研究家族企业的文献中，还对非关联的大宗股份持有者进行了识别（Anderson & Reeb, 2003; Villalonga & Amit, 2006）。

虽然股东关系的相关文献凤毛麟角，但我国现行法律法规已对这种关系有所关注，并作出相应的规范。如《公开发行证券的公司信息披露内容与格式准则第28号——创业板公司招股说明书》第三十七条规定，发行人应披露有关股本的情况，包括本次发行前各股东间的关联关系及关联股东的各自持股比例。又如《公开发行证券的公司信息披露内容与格式准则第30号——创业板上市公司年度报告的内容与格式》规定，如前十名股东之间存在关联关系或属于《上市公司收购管理办法》规定的一致行动人的，应予以说明。

以上分析表明，股东关系是客观存在的，已有文献和法规为其存在的形式、原因和影响提供了零星的证据。这些证据尚属初步的，文献数量非常有限，股东关系对股东行为和公司治理的影响十分值得进一步探讨和解释。

3.5 股东关系的形成与表现

股东关系是股东之间通过多种形式的契约建立起来的特定性质的联系，

是内在于公司股东之间的关系网络（蔡宁等，2010）。对于不同类型的公司，股东构成有其相应特征，股东关系会表现出相应的形式。下面主要以我国国有企业和家族企业为例，说明股东关系的存在、成因和表现。

3.5.1 国有企业基于产权、商业和政治纽带的股东关系

我国国有企业中的股东关系，主要表现为控股股东与其他法人股东之间的产权同源关系、商业伙伴关系和行政同源关系。产权同源关系是指控股股东与关系股东属同一控制人控制，或者他们之间存在单向持股或交叉持股；商业伙伴关系是指控股股东与关系股东之间是购销双方或其他服务合作伙伴；行政同源关系是指控股股东与关系股东属同一政府或其他行政机构所管辖。国有上市公司复杂的股东关系，是由国企脱困、改制、行政干预、政策和官员利益驱动等因素交错形成的。

中国证券市场脱胎于中国转轨经济中，其设立初意是为国企改革和解困服务。20 世纪 90 年代开始国企陷入严重困境，在有关企业改制政策连续出台的行政压力和建造政绩工程的利益驱动下，推动当地国有企业改制和上市成了各级政府官员乐此不疲之事。但改制上市的迫切和上市资源稀缺的矛盾导致供需严重失衡。为了尽早在资本市场中"分一杯羹"，众多国企在进行股份制改造的过程中采取了很多短期行为。例如，为了达到上市要求的财务指标而剥离低效资产、包装优质资产、设立新的股份有限公司等。而 1993 年的《公司法》规定，设立股份有限公司应当具备的条件包括：发起人符合法定人数；发起人认缴和社会公开募集的股本达到法定资本最低限额；发起人制订公司章程，并经创立大会通过；无论是采取发起设立还是募集设立的方式，发起人都必须认购其应认购的股份，并承担公司筹办事务；股份有限公司的设立，必须经过国务院授权的部门或者省级人民政府批准；等等。这意味着，不但要找到一定数目的投资者提供资金，还要与其就订立公司章程协商，并达成一致意见、组织其筹办设立事务。在烦琐的改制要求前，拉拢近亲企业作为发起人设立股份制企业不失为一个快捷高效的方法。中国特色的国有资产管理体制下，政府部门和集团公司的统一规划使这一便捷方式成为可能。

20 世纪 90 年代初，为了减少决策不便和政府部门直接干预企业事务，一些地方将过去的行业主管部门改造为行业性的国有资产经营公司，赋予其该行

业的国有资产经营职能。除此之外，还设立由人事、财政等众多部门共同组成的议事和决策机构——国有资产管理委员会，从而形成了"国有资产管理委员会——国有资产经营公司——国有企业"的格局，被称为"三层次模式"。这些议事和决策机构，实际上是建立一种跨部门的集中行使国有资产出资人职能的机制，因此，中间层公司执行的仍是行业主管部门和各级政府机构的意志。中间层公司成为同一地方众多企业的共同大股东，决定企业兼并、合并、股份制改组、资产交易和产权转让等重要事项。此外，国家在国有大型企业集团中试行国有资产授权经营，即由国有资产管理部门将企业集团中紧密层企业的国有资产统一授权给核心企业经营和管理。国有资产管理部门（授权方）负责审批企业集团国有资产授权经营试点方案、核定国有资产价值量、考核国有资产经营业绩。而核心企业（被授权方）统一负责授权范围内国有资产的经营、配置、管理及紧密层企业的组织结构和领导体制，对紧密层企业的兼并、合并、股份制改组、资产交易和产权转让等事项作出决定，或提出方案报批。

　　三层次模式和国有资产授权经营的实施阶段，正是我国国有企业股份制改造如火如荼的时期。各级政府为了推动当地企业完成股份制改造和上市融资，义无反顾地为国有企业安排发起人股东，其下辖的中间层企业和企业集团则在其控股网络下的子公司之间牵线搭桥。生意伙伴关系的存在、行业主管部门的安排和地方政府的拉拢，使引入上下游企业、同行业公司、同地区企业成了一个便捷途径。由此，我国国有企业在完成改制重获"新生"之时，也天然地附带着一个存在千丝万缕关系的股权结构，发起人之间大部分是亲密盟友，控股股东身边围绕着的是关系股东。即使是上市以后，一旦公司陷入财务困境，地方政府也倾向于寻找当地企业或由集团公司寻找兄弟公司注资搭救，或者以多个股东盘踞之势震慑外来敌意收购者，以保住壳资源和控制权。

3.5.2　家族企业基于亲缘和地缘的股东关系

　　根据《中国私营企业发展报告（2006）》，我国的私营企业普遍采用家族拥有的形式。在被调查企业中，业主投资占投资总额的70%；有50.3%的企业，其股东中包括了业主的家庭成员。这种产权结构是构成家族制企业的前提。

　　如果说我国国有企业产权的超经济性质集中表现为对国家政治及行政权力的依附，那么，我国私营企业产权的超经济性质则表现为人们通常所说的亲缘性和地缘性。亲缘关系包括血缘关系和姻缘关系，存在于生育带来的血亲群体和婚配带来的姻亲群体之间（郭于华，1994）。在家族企业中具体表现为，私营资本在创业和原始积累过程中，以血缘和姻亲关系为基本纽带联结成为统一的创业积累主体，家庭成员以至于家族成员共同成为企业资本的所有者，成员在企业资本中的权利位置在相当大的程度上服从家庭宗法、伦理关系的制约，其各自在企业权利网络中的位置，除取决于各自对企业的作用、贡献外，往往同时还受其在家族中地位、其与企业核心人物亲缘关系远近的影响。而地缘关系是因居住地邻近而发生的关系，表现为私营资本"离土不离乡"或"离乡不离地"的创业特征，也就是说，由原来的农业中游离出来的资本，虽然转入非农产业，但仍未离开自然村落，仍未脱离本乡本镇；或者在城市发展起来的私人资本，并未脱离诸如街道、县市等地方性的社会网络（刘伟，2000）。这种地方性的社会网络主要体现为两种关系：一种是朋友熟人间的社会关系，另一种是企业与地方政府之间的政商关系。

从社会学的角度来看，中国社会的文化传统与私营资本主要以家族成员组成股东联盟的方式进行运营不无关系。中国的文化是一种低文本文化，信息交流较多依靠事前人们在传统文化背景下形成的共识（Hall，1976）。在这种文化氛围下，人们与家人、亲人的交流显然更为容易和畅通，因为风俗习惯的传承和长期生活往来的契合，使家庭与家族成员之间形成诸多共识和默契，而这些信息对于一位外人来说是非常含糊和不充分的（朱卫平，2004）。事实上，人与人之间的信任和忠诚程度，也是家族企业以亲缘为基础构建股权控制网络的原因。

从实践上看，在家族企业的初创期，其具有宗法性的产权制度在一定时期里更有利于私营资本的成长，提高企业的效率。首先，在企业发展的初期阶段，面临创业竞争的压力，股东之间的同心同德、共同努力显得特别重要。家族成员之间目标函数的一致性要高于外部成员，事前的信息不对称导致逆向选择的可能性较小，对契约完善程度也要求较低，甚至能借助三缘关系下的了解、信任和忠诚进行更严密的控制和更可靠的监督，从而降低股东之间契约的订立成本和履约成本。其次，我国市场经济发育尚不完备，未能为私营资本提供完善的社会化的市场服务，外部融资困难、信息容易泄露，私人资本只有借助于三缘背景才能得以生存。因此，在创业和原始积累时期，无论是签约履约的成本、还是资金筹集的效率，家族资本均有其特殊的优势。在扩展和成熟期，家族企业通常不得不为了满足不断增长的资源需求而逐步放弃一些控制权，但他们对控制权的保卫非常顽强，对股权的放弃通常是以保持对企业的临界控制为底线的，并且一般会坚持"能少不多""能内不外"的原则。这样，家族企业的股权通常由企业家依次向家庭成员（配偶或子女）、其他家族成员、朋友熟人、社会公众让渡，控股股东与其他股东之间的关系图谱也会因股东的进入和退出而发生改变。不过，虽然投资来源已经多元化，控制权已经在更大的范围内被分享，但家族资本仍然占绝对或相对控股地位，家族企业家仍顽强地保护着家族所拥有的临界控制权（朱卫平，2004）。

产权本身所具有的天然封闭性，使得家族企业的控股股东与部分中小股东之间天然存在密切关系；深受儒学文化和传统观念影响的家族观念，又使家族资本产权市场交易的社会广泛性大大降低，股东关系在维持中变化。因为在企业发展和家庭成员关系变化的过程中，会涉及继承、接棒、分家等问题，因而家族企业控股股东与非控股大股东之间的关系会比其他企业更加复杂。

3.6 股东关系的刻画：以我国上市公司为背景

如前所述，公司在特定的股权结构或股东构成下会表现出相应的股东关系，股东关系不仅有不同的表现形式，还存在亲密程度的差异。在信息可获得的条件下，考虑股东关系的形成原因、表现形式及相关文献支撑等因素，我们重点构建了一组旨在刻画股东关系的指标。需要说明，本书刻画的是其他股东与第一大股东之间的关系，而不包括其他股东之间的关系。这是因为，我国上市公司股权相对集中，第一大股东通常持有优势股份，并因此控制公司的决策与经营。其他股东与第一大股东之间的关系，会直接影响公司股东之间的利益构成和势力划分，从而影响人们正确区分公司内部存在代理冲突的双方、识别内部人之间的合谋侵占及其实现方式以及合理评价股权制衡的治理作用及其发生机制。为此，本书所刻画的股东关系以第一大股东为核心加以展开。

3.6.1 股东关系类型

3.6.1.1 可直接刻画的股东关系类型：关联关系与一致行动人

关联关系与一致行动人是我们能直接刻画的股东关系。证监会在《信息披露规范第 2 号——年度报告的内容与格式（2005 年修订）》中规定，公司应列出至少前十名股东的持股情况，如前十名股东之间存在关联关系或属于《上市公司股东持股变动信息披露管理办法》规定的一致行动人的，应予以说明。这为我们洞悉上市公司前十大股东之间的关系提供了直接依据。

证监会在上市公司年度报告披露规范中并没有界定关联关系，也没对其进行引注，我们须查核其他相关法律法规以明确其定义。根据《公司法》的规定，关联关系是指公司控股股东、实际控制人、董事、监事、高级管理人员与其直接或者间接控制的企业之间的关系，以及可能导致公司利益转移的其他关系。财政部《企业会计准则第36号——关联方披露》中对关联方的定义为：一方控制、共同控制另一方或对另一方施加重大影响，以及两方或两方以上受同一方控制、共同控制或重大影响的，构成关联方。仅仅同受国家控制而不存在其他关联方关系的企业，不构成关联方。为了进一步明确关联方的具体情形，《企业会计准则》还对构成关联方和不构成关联方的情形进行了列举[①]。证监会在《上市公司信息披露管理办法》中还将关联人进一步划分为关联法人和关联自然人，并对他们各自包括的情形进行了列举[②]。虽然不同的法律法规对关联关系、关联方、关联人的定义表述有些差异，但只要对其中列举的情形稍作归类，即可发现：法定关联关系实质上是因为内部任职和上面所述的产权纽带、亲缘关系所形成的。

如果以上市公司的第一大股东为核心，按照以上相关法律法规的界定，其可能的关联方如图3.2所示。

除关联关系外，公司年度报告中还会对属于一致行动人的前十大股东进行披露。根据《上市公司股东持股变动信息披露管理办法》，一致行动人是指通过协议、合作、关联方关系等合法途径，为扩大其控制比例，或者巩固其控制地位，在行使上市公司表决权时采取相同意思表示的两个以上的自然人、法人或其他组织。采取相同意思表示的情形包括共同提案、共同推荐董事、委托行使未注明投票意向的表决权等情形。但是，公开征集投票代理权的除外。

---

① 详见《企业会计准则第36号——关联方披露》第四条。
② 详见《上市公司信息披露管理办法》（2007年1月30日证监会令第40号）附则。

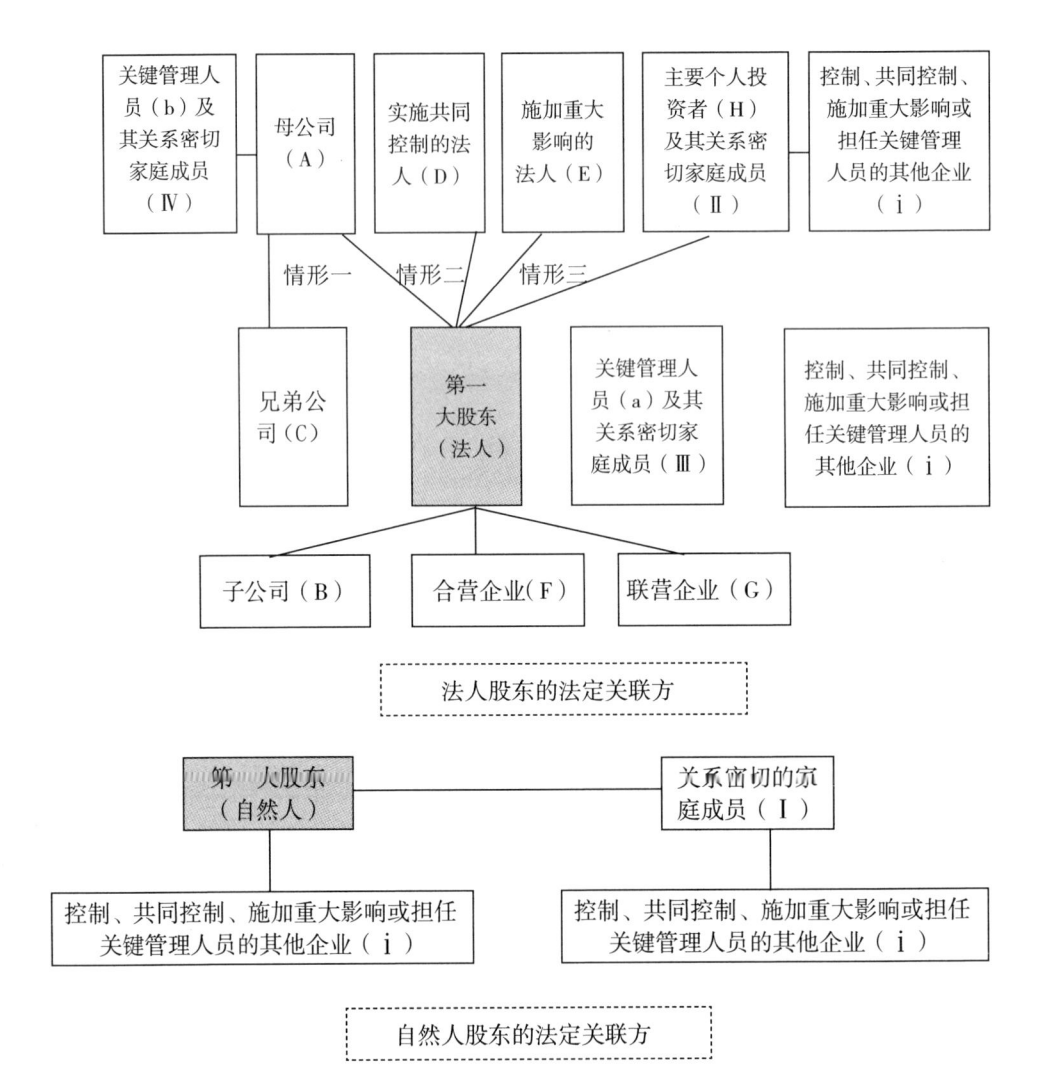

图 3.2　法定关联关系图谱

3.6.1.2　可间接刻画的股东关系类型

除上述可借助公司年报披露而识别的关联关系和一致行动人之外，股东之间的远近亲疏在大多数情况下很难通过便捷的途径获知，而只能通过某些替代方式来捕捉和描述。

根据前面所述的股东关系在不同类型企业的形成和表现，我们认为，进入时点对于识别股东的身份至关重要。在股份公司的发展历程中有两个重要的时点：一是股份公司创立；二是公司首次公开募股。这两个时点可能是合一的，但在多数公司是分离的。首先，从公司的发起人（或称创始人）股东看，非控股股东是否与控股股东同为公司的发起人，是考量他们之间关系的一个重要因素。发起人是在股份公司创立时就进入公司，并承担出资认股、推动公司设立等重要职责的股东。如前所述，在企业困难、官员功利、政策推动和特定时期国有资产管理体制等众多因素作用下，国有股份公司创立时对发起人的选择可能体现了某些特定的利益关联。而在中国社会的传统文化、信任体系和不发达市场环境下，家族企业家倾向于首先考虑与自己有血缘、姻缘等亲缘关系的家族成员，其次是有地缘、业缘等关系的熟人朋友，作为核心股东的成员。共同白手起家、一同创业并使企业发展壮大的创业伙伴，也通常会成为存活下来或成功经营的家族或非家族创业企业的共同所有者。可以猜测，能够成为公司发起人的，很可能与第一大股东之间存在着某种关联。其次，从公司的战略投资者看，在公司首次公开募股以前引进的所谓"战略投资者"股东也可能与控股股东之间存在某种利益关联或利益交易。一方面，战略投资者拥有资金、技术、管理、市场、人才或政治关联等优势，能促进企业发展，获取隐性的政治支持，实现上市融资的目标。战略投资者对公司发展所做的特殊贡献使其在众多股东中地位凸显。另一方面，首次公开募股能给公司带来巨大的财富，公司股东不但可以分享其中的财富，还能获得上市公司股东的尊贵身份，以及日后股票可流通后的一夜暴富。

除了股东的进入时点外，还可通过某些特定信息识别其他类型的股东关系。例如：

（1）地区关联股东。我国资本市场存在地方保护主义，表现在地方政府限制本地资本流出本地市场，限制外地资本进入本地某些领域。一方面，为了留住优势企业、促进本地经济，地方政府对国有企业进行直接干预，对非国有企业采用优惠、协商等方式，要求这些企业在投资控股、并购扩张时选择本地企业。另一方面，为了独享企业改制上市带来的利益，保持对本地上市公司的控制与干预，地方政府可能会限制外地企业插足本地上市公司，通过一个排他性产权市场，从所保护的市场中获得收益。由此，一些企业在改制上市过程中，股东均由本地企业担当。此外，地方政府在企业兼并重组中也扮演着重要角色。当地上市公司陷入财务困境时，地方政府为了保住壳资源、维持对上市公司的控制与干预，有时会采取拒绝收购、仅引入战略投资者的方式救助。这种救急援兵往往需要由当地政府出面搜寻、做说服动员工作，并协调双方的谈判，也通常会首先找到关联企业或本地公司承担此重任。这种非市场化的资本运作可能存在利益交换。

（2）行政同源股东。股东之间的政治关联，在中央级的国有大型企业和隶属于省地级政府的国有企业中都有所体现。设立国资委之前，我国国有企业的等级隶属分布结构大致可分为三个层次，即中央部委直接控制的垄断企业，国家经贸委控制的企业，以及经贸委下属局通过行业管理政策间接控制或指导的企业（刘小玄，2001）。除了第一层次的企业和第二层次的少数企业仍直接隶属中央外，其余企业的控制权都下放到省地级政府。过去的这种控制模式到后来由国资委实行直接管理，使国有控股企业的股东关系变得隐蔽。一方面，在当时中央部委和省地级政府控制的模式下，国企改制时的股东选择难免受到干预，第一大股东与其他股东可能由同一中央部委或省地级政府拉拢聚头。另一方面，从现时的控制链来看，无法看到股东之间的这种产权关联，但行政同源带来的关系却会对股东行为产生不可忽视的影响。

（3）行业关联股东。同行业公司共同投资是上市公司中股东关系的另一种形式，这种关系可能脱离了地方行政的同源管理，也可能突破同地域的界限，而仅表现为行业或产业上的联结，如华能国际就引入了辽宁能源、汕头电力等外地非关联同行业公司作为子公司的股东，中国黄金集团则联手中信国安黄金、河南豫光金铅、西藏矿业、山东莱州黄金、天津宝银号贵金属等各地的非关联有色金属公司投资于中金黄金。这种非关联同行业公司的联袂可能是分行业管制下的衍生物。同时，以行业为单位的统一规划增加了同行业公司在信息、管理、资源调配等方面的交换与合作，某些共同利益的存在和相互输送的可能，也使同行公司本身更容易达成共同投资、共担风险的合作意向。当然，某些股东同时是基于行政、行业和地区等因素共同投资于上市公司的，如郴州财政局、宜章电力、临武水电、汝城水电、永兴水电等共同持有郴电国际的非流通股权，而宜章县、临武县、汝城县、永兴县正是郴州市的下辖行政区域。

（4）商业合作股东。根据威廉姆森（Williamson，1975）的治理结构理论，供应商、经销商、客户等通过持有上市公司股份来维持和巩固其与上市公司之间的商业合作关系，是处于市场治理与企业治理之间的一种缔约活动和治理方式。类似于企业集团的产生与存在，这种商业合作和出资持股的双重关系是基于交易成本的效率动因而缔结的。从社会学角度，企业间的股权关系及其结构特征可能反映了一个地区的社会、文化和风俗习惯等超越标准经济学范畴的制度因素（Granovetter，2005）。特定上下游合作企业的持股可能反映了其与控股股东之间基于社会网络、社会信任等非经济因素而缔结的一种特殊关系。

（5）承销保荐股东。直接投资业务试点的逐步扩大，使越来越多券商成为上市公司的股东。直接投资业务，是指证券公司利用自身的专业优势寻找并发现优质投资项目或公司，以自有或募集资金进行股权投资，并在企业上市后或购并时出售股权，以获取股权收益为目的的业务（王欧，2007）。因而在企业上市的筹备过程中，证券公司既可以通过提供承销保荐等中介服务获取报酬，也可以自有资金参与投资，某些券商同时还参与网下询价，获取新股上市带来的溢价收益。许多证券公司都努力达到直投试点的要求以直接参股拟上市公司，或与信托公司合作"曲线"式参与直投业务。作为上市公司股东，又是保荐人、主承销商甚至网下询价者，券商与上市公司控股股东之间不排除存在利益交换、利益输送和关联交易的可能。多重身份合一也使承销保荐股东与控股股东之间的关系变得复杂。

多种可间接刻画股东关系的方式如图 3.3 所示。

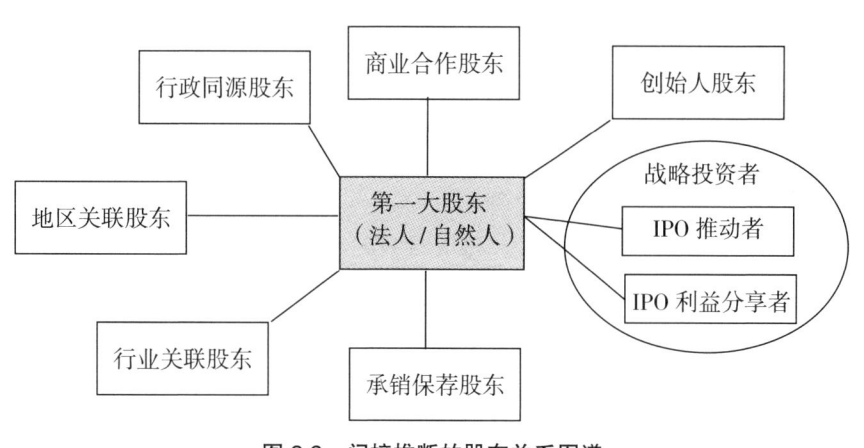

图 3.3　间接推断的股东关系图谱

表 3.2 对能够直接或间接刻画的股东关系进行归纳，获得股东关系类型的一个全景图。

表 3.2　　其他股东与第一大股东之间的关系

A 栏　其他股东与第一大股东之间可直接刻画的关系	
股东关系类型	股东关系表现
基于产权纽带的股东关系	非控股法人股东与第一大股东受同一公司/家族控制、共同控制或施加重大影响； 非控股法人/自然人股东对第一大股东实施控制、共同控制、施加重大影响； 非控股法人股东受第一大股东控制、共同控制或施加重大影响
基于内部任职的股东关系	非控股自然人股东是第一大股东的高管； 非控股自然人股东是第一大股东的母公司的高管
基于亲缘关联的股东关系	非控股自然人股东与第一大股东是关系密切的家庭成员； 非控股自然人股东与第一大股东的控股股东是关系密切的家庭成员； 非控股法人股东的控股股东与第一大股东是关系密切的家庭成员； 非控股法人股东的实际控制人与第一大股东的实际控制人是关系密切的家庭成员
一致行动人	非控股股东与第一大股东在行使表决权时采取相同意思表示

B 栏　其他股东与第一大股东之间可间接刻画的关系		
股东类型	股东关系表现	识别标志
发起人股东	志趣、友谊、信任、尊敬、服从	公司设立时的在册股东
战略投资者	协助推动首次公开募股，分享首次公开募股带来的好处	公司成立后到首次公开募股前参股的股东
地区关联股东	地方保护，地方援助	股东注册地位于同一行政区域
行政同源股东	受同一行政主管机关控制、干预或指导	股东过去或现在由同一行政部门主管
行业关联股东	受同一机构管理，行内资源交换与合作	股东属于同一行业或产业
商业合作股东	降低长期商业往来的成本和风险	股东间为供应商、经销商、客户等
承销保荐股东	承销、保荐、询价、二级市场炒作	股东为上市公司的主承销商

3.6.2　关系股东的影响力

关系股东的身份意味着，与其他非第一大股东相比，关系股东与第一大股东的关系更为密切。但这种密切程度及相应带来的股东影响力在不同的关系股东之间存在差异，关系股东的势力在不同的公司之间也存在差异。下面分别从股东层面和公司层面，用相关的指标对这种密切程度和影响力进行测度。

在股东层面，其他股东与公司第一大股东之间的关系密切程度可能与股东的持股历史有关。关系股东与第一大股东同时持股的历史越长，两者之间越容易形成默契。两者皆为发起人股东时是极端的例子。因而，关系股东与第一大股东的持股历史杠杆是股东关系密切程度的一个衡量指标。

关系股东对上市公司的影响力，则可通过多种渠道达成。股东大会和董事会是公司治理体系中的两种重要机制。股东大会上，关系股东可依据所持股权的份额直接影响公司重大决策；在董事会上，关系股东虽无权直接介入，但可通过向上市公司委派董事、监事和其他高级管理人员（以下简称"董监高"），间接获取在公司决策环节的话语权。因此，可分别用关系股东的持股比例和委派董监高比例来衡量其影响力。通常情况下，股东向公司委派董监高的人数比例，应当与其持股比例相匹配。如果一个关系股东占公司董监高的席位比例要高于其持股比例，那么可以认为其话语权与股份比例并不匹配——话语权要大于所有权。因而，关系股东委派董监高比例与其自身持股比例的杠杆，也可以作为关系股东影响力的衡量指标。

在公司层面，不同公司的股权结构由不同的股东构成，第一大股东的关系股东阵容和影响力也不尽相同。关系股东的影响力首先可以用前十大股东中关系股东的数量来衡量。关系股东的数量越大，围绕在公司第一大股东周围的利益共同体越庞大。更重要和更有效的依然是需要考虑关系股东在公司治理当中的作用渠道——股东大会和董事会，以关系股东的决策权和话语权来替代其影响力。因此，可通过关系股东的持股比例之和，以及关系股东委派董监高的比例之和，来衡量一家公司第一大股东的关系股东的影响力。同样地，持股比例与委派董监高比例之商可以测度股东在公司治理中决策权与话语权是否与其持股比例相匹配。因而，以关系股东的持股比例之和与关系股东委派董监高的比例之和相除，得到的杠杆也可作为一家公司关系股东总影响力的良好替代。

表3.3就是对关系股东影响力指标的归纳。

表 3.3　用于刻画关系股东影响力的指标

指标维度	刻画指标	指标释义
股东层面	持股历史	关系股东持股年数 / 控股股东持股年数
	持股比例	关系股东持股股数 / 公司总股本
	委派董监高比例	关系股东委派董监高人数 / 公司董监高总人数
	话语权 – 所有权杠杆	关系股东委派董监高比例 / 股东持股比例

续表

指标维度	刻画指标	指标释义
公司层面	股东规模	前十大股东中关系股东的数目
	持股比例	关系股东持股股数之和/公司总股本
	委派董监高比例	关系股东委派董监高人数之和/公司董监高总人数
	话语权–所有权杠杆	关系股东委派董监高比例之和/关系股东持股比例之和

3.7 总结与讨论:"关系基础"的股权结构

我们通过对股权结构相关文献的回顾,归纳了相关研究话题与研究路线,总结了已有文献对股权结构的认识与刻画方式。在此基础上,分析了已有文献对股权结构认识的不足,提出股东关系的概念及其研究意义。以我国上市公司为背景,分析了两类企业股东关系的形成与表现。根据我国上市公司股东之间能直接获知和间接推测的可能存在的关系,比较全面、系统地构建出刻画股东关系及关系股东影响力的指标。我们认为,上述分析和刻画将有助于人们认识现实存在的关系基础的股权结构。

关系基础的股权结构(Relation-based Ownership Structure),是以股东与公司的产权契约为基础,同时考虑股东之间通过多种形式的契约建立起来的特定性质的联系。关系基础的股权结构能够说明权力如何在不同身份和阵营的股东之间分布。

3.7.1 股权结构:从链式到网状的发展

在产权关系的基础上,加以股东关系的视角去透视股权结构,股权结构将会变得更加充实丰满。股东关系既可能是基于产权网络建立起来的,也可能是基于亲缘、地缘、学缘、业缘、战略投资、承销保荐、位于同一地区、属于同一行业、接受同一行业机构管理、长期的商业合作、共同创业守业的情愫等逐步形成的。股东之间的远近亲疏并不一定签有书面协议,而可能依靠其他法律关系或信任、友谊、共同利益等隐性契约而建立。这种隐性契约使股东之间构建起了产权以外的关系联结,有助于人们对股权结构的认识从一个链状发展为一个网络。我们看到的不单是持股人之间的持股结点,还有他们之间的其他关系结点。

3.7.2 重审股东之间的权力与利益结构

关注股东之间的关系，会使股东之间的利益构成和公司的股权集中度发生改变。一方面，内部人和外部人之间的划分发生改变。传统划分方式下的外部人可能会因为与内部人存在关联而被划归为内部人，所谓的"外部人"可能会因与内部人结盟等而成为实质上的内部人。另一方面，股权分散或集中、股东实现控股的标准也可能发生改变。传统划分方式下的股权分散公司，可能因存在关系股东通过各自持有分散股份而实现了实质控股，传统划分方式下的内部人，也可能通过关系股东的协助以较少的持股掌握较大的控制权。因此，为更准确地识别公司股权的权力与利益结构，以科学分析相关代理问题，必须考虑股东之间的关系。

3.7.3 全面关注股权结构的动态变化

考虑股东关系，会使人们对股权结构变化的认识更加动态和灵活。一方面，产权主体的变更，不单是公司内部权力主体的易主，股东变化所引起的股东关系变化还会引起股东之间利益结构的重新组合。原股东的退出可能会导致原有股东关系的解体，新股东的进入可能会引起原关系股东的抗衡制约或放弃监督。另一方面，即使股权不发生转让或变动，股东之间关系本身的变化也有可能引起股东内部的权力斗争和结构变动。考虑股东关系后，能更好地认识股权结构的动态变化，有助于分析某些股东的特定行为和代理冲突。

3.7.4 关系的纵深发展：从"股东"关系到"股东—控制人"关系

对控股股东与其上级控制链之间非产权关系的关注，可以从另一个角度刻画实际控制人的控制方式，以及权力在控制链上的分配与分离。在同一种控制方式下，实际控制人对公司的影响存在差异。权力从实际控制人到控股股东的传授不一定是完全的，控股股东于上市公司可能是实际掌权人，可能具有不完全的股东权利，也可能只是个"傀儡"。权力可能因非产权关系分散在产权链条的各个节点上。权力的分配与权力主体的特征直接影响到行为动机和治理效率，为此也需要对"股东—控制人"的关系进行多维度的刻画。

由于股权结构在公司治理中的重要地位，关系基础的股权结构很可能对许多原有的研究带来新的解释，甚至还可以拓展更多新的研究。

本章主要参考文献

［1］蔡宁、魏明海、路晓燕："股东关系与'大小非'减持中的股东合谋"，工作论文，2010年。

［2］陈清泰：《重塑企业制度：30年企业制度变迁》，中国发展出版社2008年版。

［3］陈信元、陈冬华、朱凯："股权结构与公司业绩：文献回顾与未来研究方向"，载于《中国会计与财务研究》，2004年第4期。

［4］崔宏、夏冬林："全流通条件下的股东分散持股结构与公司控制权市场失灵"，载于《管理世界》，2006年第10期。

［5］郭于华："农村现代化过程中的传统亲缘关系"，载于《社会学研究》，1994年第6期。

［6］李增泉：《国家控股与公司治理的有效性》，经济科学出版社2005年版。

［7］梁杰、王璇、李进中："现代公司治理结构与会计舞弊关系的实证研究"，载于《南开管理评论》，2004年第6期。

［8］刘芍佳、孙霈、刘乃全："终极产权论、股权结构及公司绩效"，载于《经济研究》，2003年第3期。

［9］刘伟：《转轨经济中的国家、企业和市场》，华文出版社2001年版。

［10］刘小玄：《中国企业发展报告：1999～2000》，社会科学文献出版社2001年版。

［11］王欧：《关于证券公司开展直接投资业务问题的研究报告》，2007年。

［12］朱卫平："论企业家与家族企业"，载于《管理世界》，2004年第7期。

［13］Anderson, R.C., A. Duru and D.M. Reeb , 2009, Founders, Heirs, and Corporate Opacity in the United States, Journal of Financial Economics 92 , pp. 205–222.

［14］Anderson, R.C. and D.M. Reeb, 2003, Founding-Family Ownership and Firm Performance: Evidence from the S&P 500, Journal of Finance 58, pp. 1301–1328.

[15] Baek, J., J. Kang, K.S. Park, Corporate Governance and Firm Value: Evidence from the Korean Financial Crisis, Journal of Financial Economics 71, pp. 265–313.

[16] Bennedsen, M. and D. Wolfenzon, 2000, The Balance of Power in Closely Held Corporations, Journal of Financial Economics 58, pp. 113–139.

[17] Berle, A. and G. Means, 1932, The Modern Corporation and Private Property, MacMillan, New York, NY.

[18] Booth, J.R., and L. Chua, 1996, Ownership Dispersion, Costly Information, and IPO Underpricing, Journal of Financial Economics 41, pp. 291–310.

[19] Boubakri, N., J. Cosset and O. Guedhami, 2005, Postprivatization Corporate Governance: The Role of Ownership Structure and Investor Protection, Journal of Financial Economics 76, pp. 369–399.

[20] Brennan, M.J. and J. Franks, 1997, Underpricing, Ownership and Control in Initial Public Offerings of Equity Securities in the UK, Journal of Financial Economics 45, pp. 391–413.

[21] Chernykh, L, 2008, Ultimate ownership and control in Russia, Journal of Financial Economics 88(1), pp. 169–192.

[22] Claessens, S., S. Djankov and L. H.P. Lang, 2000, The Separation of Ownership and Control In East Asian Corporations, Journal of Financial Economics 58, pp. 81–112.

[23] Claessens, S., Djankov, S., Fan, J.P. H. and Lang, L., 2002, Disentangling the Incentive and Entrenchment Effects of Large Shareholdings, Journal of Finance 57, pp. 2741–2771.

[24] Cubbin, J. and D. Leech, 1982, The Effect of Shareholding Dispersion on the Degree of Control in British Companies: Theory and Measurement, Economic Journal 93, pp. 351–369.

[25] Cho, H., 1998, Ownership Structure, Investment, and the Corporate Value: An Empirical Analysis, Journal of Financial Economics 47, pp. 103–121.

[26] Core, J.E. and D.F. Larcker, 2002, Performance Consequences of Mandatory Increases in Executive Stock Ownership, Journal of Financial Economics

64, pp.317–340.

[27] Dahlquist, M. and G. Robertsson, 2001, Direct Foreign Ownership, Institutional Investors, and Firm Characteristics, Journal of Financial Economics 59, pp. 413–440.

[28] Denis, D.J., D.K. Denis and A. Sarin, 1997, Agency Problems, Equity Ownership, and Corporate Diversification, Journal of Finance 52, pp. 135–160.

[29] Denis, D.J., D.K. Denis and A. Sarin, 1997, Ownership Structure and Top Executive Turnover, Journal of Financial Economics 45, pp. 193–221.

[30] Denis, D.J., A. Sarin, 1999, Ownership and board structures in publicly traded corporations, Journal of Financial Economics 52, pp. 187–223.

[31] Demsetz, H. and Lehn, K., 1985, The Structure of Corporate Ownership: Causes and Consequences, Journal of Political Economics 93, pp. 1155–117.

[32] Desai, M.A., C.F. Foley and J.R. Hines, 2004, The Costs of Shared Ownership: Evidence from International Joint Ventures, Journal of Financial Economics 73, pp.323–374.

[33] Dyck, A. and L. Zingales, 2004, Private Benefits of Control: An International Comparison, Journal of Finance 59, pp. 537–600.

[34] Faccio, M. and L. Lang, 2002, The Ultimate Ownership of Western European Corporations, Journal of Financial Economics 65, pp. 365–395.

[35] Faccio, M., L. Lang and L. Young, 2001, Dividends and Expropriation, American Economic Review 91, pp. 54–78.

[36] Fahlenbrach, R. and R.M. Stulz, 2009, Managerial Ownership Dynamics and Firm Value, Journal of Financial Economics 92, pp. 342–361.

[37] Fan, J. P.H. and T.J. Wong, 2002, Corporate Ownership Structure and the Informativeness of Accounting Earnings in East Asia, Journal of Accounting and Economics 33, pp. 401–425.

[38] Fee, C.E., C.J. Hadlock and S. Thomas, 2006, Corporate Equity Ownership and the Governance of Product Market Relationships, Journal of Finance 61, pp. 1217–1251.

[39] Gillan, S.L., L.T. Starks, 2000, Corporate Governance Proposals and

Shareholder Activism: The Role of Institutional Investors, Journal of Financial Economics 57, pp. 275–305.

[40] Gordon, L.A. and J. Pound, 1993, Information, Ownership Structure, and Shareholder Voting: Evidence from Shareholder-Sponsored Corporate Governance Proposals, Journal of Finance 48, pp. 697–718.

[41] Granovetter, M., 2005, The Impact of Social Structure on Economic Outcomes, Journal of Economic Perspectives 19, pp. 33–50.

[42] Grossman, S.J. and O.D. Hart, 1988, One Share-One Vote and the Market for Corporate Control, Journal of Financial Economics 20, pp. 175–202.

[43] Hall, E.T., 1976, Beyond Culture, Anchor Books/Doubleday, Garden City, NJ.

[44] Haw, I., B. Hu, L. Hwang and W. Wu, 2003, Ultimate Ownership, Income Management, and Legal and Extra-Legal Institutions, Journal of Accounting Research 42, pp. 423–462.

[45] Himmelberg, C.P., R.G. Hubbard and D. Palia, 1999, Understanding the Determinants of Managerial Ownership and the Link between Ownership and Performance, Journal of Financial Economics 53, pp. 353–384.

[46] Koch, B.S., 1981, Income Smoothing: An Experiment, The Accounting Review, Vol. 56, No. 3, pp. 574–586.

[47] Jensen, M. and Meckling, W., 1976, Theory of the Firm, Managerial Behavior, Agency Costs and Capital Structure, Journal of Financial Economics 3, pp. 305–360.

[48] Jensen, M.C., and R.S., Ruback, 1983, The Market for Corporate Control, Journal of Financial Economics 11, pp. 5–50.

[49] Jensen, M., 1986, Agency Costs of Free Cash Flow, Corporate Finance, and Takeovers, American Economic Review 76, pp. 323–329.

[50] Jensen, M. and J.B. Warner, 1988, The Distribution of Power among Corporate Managers, Shareholders, and Directors, Journal of Financial Economics 20, pp. 2–3.

[51] Joh, S.W., 2003, Corporate Governance and Firm Profitability: Evidence

from Korea before the Economic Crisis, Journal of Financial Economics 68, pp. 287–322.

[52] Johnson, S., R. La Porta, F. Lopez-De-Silanes and A. Shleifer, 2000, Tunneling, American Economic Review 90, pp. 22–27.

[53] Kothare, M., 1997, The Effects of Equity Issues on Ownership Structure and Stock Liquidity: A Comparison of Rights and Public Offerings, Journal of Financial Economics 43, pp. 1131–1411.

[54] La Porta, R., F. Lopez-de-Silanes, and A. Shleifer, 1999, Corporate Ownership around the World, Journal of Finance 54, pp. 471–517.

[55] La Porta, R., F. Lopez-de-Silanes, and A. Shleifer, 2002, Government Ownership of Banks, Journal of Finance 57, pp. 265–301.

[56] La Porta, R.F., Lopez-De-Silanes, A. Shleifer and R.W. Vishny, 2002, Investor Protection and Corporate Valuation, Journal of Finance 57, pp. 1147–1170.

[57] Lemmon, M.L. and K.V. Lins, 2003, Ownership Structure, Corporate Governance, and Firm Value: Evidence from the East Asian Financial Crisis, Journal of Finance 58, pp. 1445–1468.

[58] Mak, Y.T. and Y. Li, 2001, Determinants of Corporate Ownership and Board Structure: Evidence from Singapore, Journal of Corporate Finance 7, pp. 235–256.

[59] McConnell, J.J., H. Servaes, 1995, Equity Ownership and the Two Faces of Debt, Journal of Financial Economics 39, pp.131–157.

[60] Morck, R., A. Shleifer and R.W. Vishny, 1988, Management Ownership and Market Valuation: An Empirical Analysis, Journal of Financial Economics 20, pp. 293–315.

[61] Niehaus, G.R., 1989, Ownership Structure and Inventory Method Choice, The Accounting Review, Vol. 64, No. 2, pp. 269–284.

[62] Prowse, S.D., 1992, The Structure of Corporate Ownership in Japan, Journal of Finance 47, pp. 1121–1140.

[63] Sapienza, P., 2004, The effects of government ownership on bank lending, Journal of Financial Economics 72, pp. 357–384.

[64] Shleifer, A. and R.W. Vishny, 1986, Large Shareholders and Corporate Control, Journal of Political Economy 94, pp. 461-488.

[65] Shleifer, A. and D. Wolfenzon, 2002, Investor Protection and Equity Markets, Journal of Financial Economics 66, pp. 3-27.

[66] Stulz, R.M., 1990, Managerial Discretion and Optimal Financing Policies, Journal of Financial Economics 26, pp. 3-27.

[67] Volpin, P.F., 2002, Governance with Poor Investor Protection: Evidence from Top Executive Turnover in Italy, Journal of Financial Economics 64, p. 61-90.

[68] Villalonga, B. and R. Amit, 2006, How do Family Ownership, Control and Management Affect Firm Value? Journal of Financial Economics 80, pp. 385-417.

[69] Warfieid, T.D., J.J. Wild and K.L. Wild, 1995, Managerial Ownership, Accounting Choices, and Informativeness of Earnings, Journal of Accounting and Economics 20, pp. 61-91.

[70] Williamson, O.E., 1975, Markets and Hierarchies: The Governance of Contractual Relations, Journal of Law and Economics 22, pp. 233-261.

[71] Williamson, O.E., 1979, Transaction-Cost Economics: The Governance of Contractual Relations, Journal of Law and Economics 22, pp. 233-261.

第 4 章
关系股东的权力超额配置①

4.1 引言

组织中权力该如何配置的问题源于伯利和米恩斯（1932）对公司控制权的讨论，在代理问题与合同理论的研究中得到蓬勃发展。合同理论认为，契约的不完全性导致了剩余控制权的存在，只有当剩余控制权与剩余索取权相统一，才可达到资源配置效率最高的目标（Grossman & Hart, 1986; Grossman & Hart, 1988; Hart & Moore, 1990; Hart,1995）。然而，波特等（1999）、克莱森斯等（2000）、法西奥和朗（2002）等的跨国研究发现，控制权与现金流权相分离的现象在股权相对集中的公司中普遍存在。控股股东有强烈动机利用所掌握的控制权谋取私利，使其对中小股东的利益侵占成为股权集中公司中最主要的代理问题（Shleifer & Vishny, 1997）。这些发现激发了学术界对控股股东掌握超额权力的现象和后果进行广泛的研究，但对于权力是如何在非控股股东之间分配的，现有研究并未进行系统分析。

基于控股股东两权分离所带来的严重问题，部分文献也开始探讨提高非控股股东的股权比例是否有助于监督和约束控股股东的侵占行为。理论研究从各个角度证实，引入一定数量的多个大股东能达到私有收益最小和监督效率最高的最优均衡（Pagano & Röell, 1998; Bennedsen & Wolfenzon, 2000; Bloch & Hege, 2001; Edmans & Manso, 2011）。但实证研究并没有得到一致的发现。沃尔平（Volpin, 2002）、莱文和莱文（Laeven & Levine, 2008）、陈信元和汪辉

(2004)等研究表明，提高非控股股东的持股比例能对控股股东进行约束。但莫里和帕尤斯特（Maury & Pajuste, 2005）、徐丽萍等（2004）、高雷等（2006）、刘伟等（2010）却发现，非控股股东的持股比例增加不一定能监督控股股东的侵占行为。诚然，制衡理论为如何监督控股股东的问题提供了重要思路，但实证结果的矛盾进一步折射出非控股股东的权力配置问题依然有待深入分析。一方面，股东的身份具有异质性。非控股股东的身份和特征决定了控股股东与其分享权力的可能和目的。现有研究对非控股股东身份缺乏细致区分，从而无法识别非控股股东中权力的拥有者是谁，也无法识别其更有可能与控股股东达成合谋，还是更有激励去制衡控股股东。另一方面，组织中的权力有正式权力与真实权力之分（Aghion & Tirole, 1997），现有实证仅关注股权比例的分布而忽视了其他权力的配置，无疑难以厘清非控股股东行使权力的方式与大小。

从中国上市公司成长的市场环境和法律环境来看，控股股东锁定控制权和持续获取私有收益的目标受到各种制约，因而其权力让渡和分享有特定的目的和对象，非控股股东与控股股东之间的亲密程度是影响其选择的关键所在。本章从非控股股东与控股股东之间的关系出发分析非控股股东的身份特征，引入控股股东的"关系股东"和"非关系股东"两个概念，从股东大会、董事会和高管层等各个层面分析中国上市公司中关系股东与非关系股东的权力配置状况，以及该种权力配置对控股股东控制力的影响。

4.2 制度背景与理论分析

中小股东中存在一部分特殊的股东，他们与控股股东之间通过多种形式的契约建立起各种特定性质的联系，这一股东群体可称为关系股东（魏明海等，2011）。如在国有企业中，部分股东与控股股东属同一控制人控制，或者他们之间存在单向持股或交叉持股；部分股东在控股股东中担任关键管理人员，或者与控股股东之间签有一致行动人的协议。而在家族企业当中，企业家通常与其家庭成员乃至家族成员共同持股。这些由于产权、亲缘、任职等关联关系或一致行动人协议而建立起来的联结，是中国法规要求必须披露的显性股东关系。实际上，部分中小股东还会因其他原因与控股股东建立起互信关系，如一同发起设立公司的创始人，公司在发展过程中选择引进的高管或战略投资者，也与控股股东之间有着与完全市场化渠道加入的股东所不同的依赖和关联。崔宏和夏冬林（2006）对兴业房产（600603）的案例研究发现，其国有公司发起人形成一个联袂长期持股的松散股权联盟，虽然各股东持股比例较小，但由于股权都是国有性质，且多数股东是城建与房地产企业，基本属于同级同一政府部门主管之下，因而发起人股东几乎锁定了前几大股东。魏明海等（2011）详述了股东关系的形成和各种存在方式，并且提出，因为这些产权、亲缘、任职、一致行动等显性关系和共同创业、战略合作等隐性关系，在一般情况下关系股东与控股股东之间有更一致的利益。

通过特定机制实现对公司的控制是股东考虑成本、收益等多个方面后作出的选择。从制度经济学的角度来看，控股股东向关系股东让渡股权，考虑了许多外界的因素。对于家族企业而言，面对外部融资困难、信息容易泄露等尚不完善的市场和制度环境，无论是在资本筹集和签约履约的效率上，还是在信息搜集和控制监督的成本上，家族资本均有特殊的优势。对于有迫切愿望上市融资的国有企业而言，还需面对繁复的改制要求和政策压力。特定历史时期的三层次模式和国有资产授权经营制度为国有企业利用集团各层级资本、拉拢近亲企业共同发起提供了便捷（魏明海等，2011）。在对外融资的过程中先把股权让渡给最亲密的家庭成员或企业集团成员，再逐步向关系较疏远的个人或企业让渡，也是控股股东对企业控制权的一种顽强保卫（朱卫平，2004）。

股权的分享不等于剩余控制权的分享，但当权力分享成为获得或增加控制权收益的一种必要时，关系股东也必然成为权力配置的对象。一方面，公司控股股东可通过与关系股东分享控制权，共同掠夺其他小股东，以换取减少外部股东的过度监督（Pagano & Röell, 1998; Bennedsen & Wolfenzon, 2000）。另一方面，法律监管、舆论监督等制度和市场环境部分地约束了控股股东行使剩余控制权的自由，控股股东必须找到代为行使权力的对象。随着中国资本市场的不断发展和完善，上市公司大股东利用金字塔和各种"系族"枢纽掏空上市公司的现象越来越受到媒体和监管部门的关注。不但股东利用担保、资产占用等方式向母公司输送利益的行为被明令禁止，上市公司的大额关联交易等业务活动也受到"关联股东回避表决"等条款的严格规范，这意味着控股股东对与自身或实际控制人相关联的重要事项丧失了表决权，在须由董事会表决的事项上也权力不足,而此时非控股股东的股票表决权或董事会表决权却发挥着重要作用。因而控股股东必须在非控股股东中找到代言人,在与其利益密切相关的事项上维护其利益,寻找的渠道还可能是隐蔽的,以避免触及越加严密的法律规定。赋予显性或隐性关系股东更多的股权(股票表决权)和委派董事名额(董事会表决权),可在一定程度上避免法律和舆论对"一股独大"、大股东"一言堂"以及各种涉嫌利益输送活动的关注;更重要的是,在越来越窄的法律缝隙中得以继续谋取私有收益。由于权力的让渡必须建立在利益一致和充分信任的基础上,因此关系股东成为最可能的对象。

以上分析表明,控股股东的关系股东将获得部分与其现金流权不相匹配的剩余控制权。该部分超额权力是由控股股东向其让渡的,是控股股东在融资约束、履约成本、舆论和法律监督等种种考虑下,分散部分现金流权和控制权,并通过相对隐蔽的方式对公司维持控制而采取的做法。下面通过描述关系股东的权力配置状况及其对控股股东权力的影响,对上述分析进行佐证。

4.3 样本、数据与变量定义

4.3.1 样本与数据

本章的研究采用股东层面和公司层面两组样本。在公司层面,以2002~2008年在中国深沪两市交易的所有A股上市公司为初始样本。2002年起上市公司开始披露前十大股东之间的关联关系或一致行动人信息。由于行业规定和监管的特殊性,剔除金融、保险类(CSRC行业分类为I类)的上市公司,得到9541个公司—年度样本。在股东层面,以公司—年度样本的前十大股东构建股东—年度数据。前十大股东是公司中较有影响力的股东,基本上涵盖了对公司决策有重要影响的股东。

对于控股股东的显性关系股东,是通过翻阅各年公司年报手工收集整理而成。显性关系股东是指与公司控股股东存在关联关系或者一致行动人协议的股东,其中控股股东是指第一大股东;若第二至第十大股东中关联持股总比例超过第一大股东,则以第二至第十关联持股股东中的最大持股者为控股股东。根据样本情况,显性关系股东包括以下类型:(1)产权关系,即该股东与控股股东属于同一最终控制人,或与控股股东之间存在单向持股或双向持股;(2)亲缘关系,即该股东与控股股东存在亲属关系,或其实际控制人与控股股东的实际控制人存在亲属关系;(3)任职关系,即该股东是控股股东或其实际控制人的高管,或者与控股股东有同一法定代表人或高管人员。(4)一致行动人,即该股东与控股股东之间签有一致行动人协议,在决议投票中采取一致行动。

对于控股股东的隐性关系股东,是通过翻阅公司招股说明书进行识别。隐性关系股东是指与控股股东同为公司发起人,或是在公司上市前进入的股东,包括以下两种类型:(1)"发起—发起"型,即控股股东是公司发起人,而该股东也是公司发起人;(2)"发起—战略"型,即控股股东是公司发起人,而该股东是公司上市前进入的战略投资者。

为了分析关系股东在各种产权类型公司中的分布,我们通过 CCER 公司治理数据库获得 2002~2008 年样本公司的最终控制人数据,对年度间最终控制人有异常变动的公司进行了核查。所有的股东委派董监高数据均为手工翻阅公司年报收集。董监高规模数据来自 CSMAR 公司治理数据库并进行了抽样核查。

4.3.2 变量定义

为了分析股东的权力配置情况,本书使用股东大会表决权、董事会表决权和董监高话语权反映股东掌握剩余控制权的状况。对于权力在组织内部的配置,阿吉翁和梯若尔(Aghion & Tirole,1997)把剩余控制权细分为正式权力(Formal Authority)和真实权力(Real Authority)两种形式。正式权力是指来源于财产所有权和正式授权的权力,真实权力则来源于代理人所享有的信息、技能等相对优势。正式权力并不必然带来真实权力,如股东拥有正式权力,董事会拥有真实权力;董事会相对于经理层拥有正式权力,经理层拥有真实权力。因而,除了依据所持股权的份额直接影响公司重大决策以外,通过向上市公司委派董监高,获取在公司其他决策环节的话语权,也是股东对剩余控制权掌握情况的重要反映。本书以"股东持股比例"代表股东大会表决权,以"股东委派董事人数占公司董事会总人数的比例"代表董事会表决权,以"股东委派董事人数占公司非独立董事人数的比例"代表非独董表决权[1],以"股东委派董监高人数占公司董监高总人数的比例"代表董监高话语权。

对于股东权力是否与其股权相一致,本书构造相应的杠杆指标来进行衡量。已有研究大多以"投票权与现金流权之比"或"投票权与现金流权之差"来反映最终控制人的"投票权—现金流权分离度"。但根据阿吉翁和梯若尔(1997)用"投票权—现金流权分离度"来衡量超额控制权,实际上只关注到部分正式权力与股权之间的分离。而且现有资料一般仅披露控股股东的上级股东并追溯到最终控制人,而对非控股股东的上层股权结构少有披露,难以用这种方法进行计算[2]。因为通常情况下,股东向公司委派董监高的人数比例应当与其持股比例相匹配。所以如果一个股东占公司董监高的席位比例要高于其持股比例,那么可以认为其话语权与股份比例并不匹配——话语权要大于所有权。所以本书通过"董事会表决权比例/股东所持股份比例"来反映剩余控制权在股东之间是否存在超额配置(董事会表决权杠杆),同时报告"非独立董事表决权比例/股东所持股份比例"(非独董表决权杠杆)、"董监高话语权比例/股东所持股份比例"(董监高话语权杠杆)。

4.4 实证结果及分析

4.4.1 关系股东在中国上市公司中的分布

表4.1反映了关系股东在中国上市公司中的分布情况,其中A栏报告全样本的情况,B栏和C栏分别报告国有企业和民营企业的情况。在9541家样本公司中,2744家(28.76%)存在显性关系股东。控股股东的显性关系股东进驻到26.68%的国有企业和34.15%的民营企业中。同时,3976个公司样本(41.67%)存在隐性关系股东,42.41%的国有企业和39.68%的民营企业中分布着控股股东的共同发起人或战略投资者。关系股东在中国各种产权类型的上市公司中有广泛的分布。

---

[1] 在中国上市公司的实务操作中,非独立董事的席位一般在持股5%或3%以上的股东之间分配。另有国内文献指出,中国独立董事、监事会在公司治理中作用不明显(支晓强等,2005;唐清泉等,2005;高雷等,2006)。因此,研究董事在非独立董事中的表决比例可提供更为直观的证据。

[2] 除非是某些具有两个终极控制人的上市公司,根据毛世平(2009)的研究,2006年末有256个这样的上市公司。

表 4.1 关系股东在中国上市公司中的分布

A 栏 总体样本

年度	样本量	存在显性关系股东的样本							存在隐性关系股东的样本				
		样本量	占比（%）	产权关系	亲缘关系	任职关系	一致行动人	两种以上	样本量	占比（%）	发起-发起	发起-战略	两种以上
2002	1181	313	26.50	284	7	10	6	6	539	45.64	324	124	91
2003	1241	351	28.28	309	9	15	10	8	563	45.37	363	110	90
2004	1332	393	29.50	327	21	17	13	15	604	45.35	412	105	87
2005	1332	395	29.65	328	20	16	17	14	575	43.17	405	96	74
2006	1391	410	29.48	328	28	17	21	16	549	39.47	402	80	67
2007	1496	425	28.41	316	50	17	20	22	554	37.03	385	71	98
2008	1568	457	29.15	308	61	15	35	38	592	37.76	425	69	98
合计	9541	2744	28.76	2200	196	107	122	119	3976	41.67	2716	655	605

B 栏 国有企业样本

年度	样本量	存在显性关系股东的样本							存在隐性关系股东的样本				
		样本量	占比（%）	产权关系	亲缘关系	任职关系	一致行动人	两种以上	样本量	占比（%）	发起-发起	发起-战略	两种以上
2002	930	229	24.62	219	—	3	5	2	451	48.49	270	110	71
2003	926	255	27.54	239	—	6	8	2	450	48.60	287	96	67
2004	935	261	27.91	240	—	9	9	3	446	47.70	297	90	59
2005	921	258	28.01	237	—	7	11	3	409	44.41	281	79	49
2006	907	255	28.11	230	—	10	13	2	360	39.69	259	63	38

续表

B栏 国有企业样本

年度	样本量	存在显性关系股东的样本					存在隐性关系股东的样本			
		占比（%）	产权关系	亲缘关系	任职关系	一致行动人	两种以上	占比（%）	发起—发起	发起—战略	两种以上
2007	927	25.13	206	—	11	13	3	317	34.20	220	53	44
2008	934	25.48	205	—	7	19	7	315	33.73	226	50	39
合计	6480	26.68	1576	—	53	78	22	2748	42.41	1840	541	367

C栏 民营企业样本

年度	样本量	存在显性关系股东的样本					存在隐性关系股东的样本			
		占比（%）	产权关系	亲缘关系	任职关系	一致行动人	两种以上	占比（%）	发起—发起	发起—战略	两种以上
2002	209	33.49	52	7	6	1	4	64	30.62	44	9	11
2003	273	29.67	57	9	7	2	6	87	31.87	63	9	15
2004	354	33.62	76	21	6	4	12	136	38.42	104	10	22
2005	369	34.42	82	20	8	6	11	147	39.84	113	13	21
2006	438	33.33	90	28	7	7	14	170	38.81	131	14	25
2007	521	35.12	102	50	6	6	19	222	42.61	158	14	50
2008	583	36.36	97	61	8	15	31	264	45.28	192	16	56
合计	2747	34.15	556	196	48	41	97	1090	39.68	805	85	200

注：由于篇幅所限以及集体、外资企业在整体样本中比例较少。统计结果显示，集体企业样本中的22.64%（49.8%）和外资企业样本中的34.7%（12.24%）存在显性（隐性）关系股东。其中集体企业是指实际控制人为集体所有制企业、村镇经济合作社、村委会、资产经营中心/资产管理委员会、社会团体、工会、职工持股会、民间经济组织（如经济发展促进会、经济企业联合会）等的企业。以未详细报告其中的关系股东分布情况。合计样本（分别为265个和49个样本，占全体样本公司的2.78%和0.51%），所

从类型上看，股东关系的分布有一定的倾斜。存在显性关系股东的2744个公司样本中，有2200家的关系股东与控股股东之间存在产权关系，说明控股股东往往通过集团内部近亲企业的资金、共同入股上市公司。在民营企业中，也通常可见多个自然人共同投资设立控股公司，再以控股公司和个人资金同时投资于上市公司。此外，196个民营企业样本由家族内多人共同持股，107家的关系股东在控股股东中任职，122家的股东与控股股东签有一致行动的协议，119个公司样本存在两种或以上类型的显性关系股东。而在3976个存在隐性关系的公司样本中，控股发起人与其他发起人共同守业的样本有2716个，占主导地位。

从时间序列上看，存在显性关系股东的公司在每年保持较为平稳的比重，可以推测，控股股东与其显性关系股东共同持股的结构较为稳固。存在隐性关系股东的公司在2006年后有所减少，说明在部分公司的限售股开始解禁以后，部分发起人股东和战略投资者通过减持退出了公司，或者减持了部分股份以至退出了前十大股东的行列。在国有企业中，存在显性关系股东的公司也在2007年后有所减少，但主要是产权关系股东的退出。一致行动人股东并没有减少，反而有所增加，推测某些隐性关系股东在全流通压力下要通过一致行动人协议明确关系，以锁定控制权。而在民营企业中，无论是存在显性抑或隐性关系股东的样本，其家数与比例均呈现每年上升的态势。

4.4.2 关系股东的权力超额配置

4.4.2.1 关系股东与非关系股东的权力对比

表4.2针对存在关系股东的样本公司，考察剩余控制权在非控股股东之间的配置情况。如A栏所示，显性关系股东不但比非关系股东持有更多的股份，而且通过委派更多的董监高，参与掌控了公司的董事会、监事会和高级管理层。总体样本上看，每个关系股东平均持股5.72%，委派董事的人数占董事会总人数的4.60%和非独立董事人数的7.05%，委派董监高人数占公司董监高总人数的3.60%，这些比例比非关系股东分别高出3.78%、3.33%、5.13%和2.60%，差异在1%的水平上显著。而且，关系股东的董事会表决权杠杆是0.86，非独董表决权杠杆是1.30，董监高话语权杠杆是0.78，而非关系股东的相应比例分别为0.26、0.40和0.25，差异在1%的水平上显著，进一步说明了

表4.2 关系股东和非关系股东的权力对比

A栏 显性关系股东和非关系股东的权力对比

公司类型	股东类型	样本数	持股比例(%)	委派董事比例(%)	委派董事/非独董(%)	委派董监高比例(%)	董事会表决权杠杆	非独董表决权杠杆	董监高话语权杠杆
国有企业	关系股东	2799	5.46	4.53	6.82	3.61	0.87	1.31	0.80
	非关系股东	12762	1.74	1.11	1.66	0.83	0.27	0.40	0.26
	差值		3.72***	3.42***	5.17***	2.77***	0.60***	0.90***	0.54***
民营企业	关系股东	1936	6.12	4.64	7.30	3.51	0.82	1.28	0.71
	非关系股东	6504	2.28	1.59	2.45	1.31	0.26	0.39	0.25
	差值		3.84***	3.05***	4.85***	2.21***	0.56***	0.88***	0.46***
全体样本	关系股东	4843	5.72	4.60	7.05	3.60	0.86	1.30	0.78
	非关系股东	19851	1.94	1.27	1.92	0.99	0.26	0.40	0.25
	差值		3.78***	3.33***	5.13***	2.60***	0.60***	0.91***	0.53***

B栏 隐性关系股东和非关系股东的权力对比

公司类型	股东类型	样本数	持股比例(%)	委派董事比例(%)	委派董事/非独董(%)	委派董监高比例(%)	董事会表决权杠杆	非独董表决权杠杆	董监高话语权杠杆
国有企业	关系股东	8653	3.55	5.78	8.65	4.22	1.19	1.75	1.23
	非关系股东	16079	1.28	2.45	3.69	1.72	0.03	0.04	0.04
	差值		2.27***	3.33***	4.96***	2.49***	1.16***	1.70***	1.19***
民营企业	关系股东	4597	5.01	5.97	9.38	4.23	1.03	1.56	1.02
	非关系股东	5213	1.37	2.29	3.58	1.89	0.02	0.03	0.02
	差值		3.64***	3.68***	5.80***	2.34***	1.01***	1.53***	0.99***
全体样本	关系股东	13680	4.07	5.88	8.97	4.25	1.14	1.68	1.17
	非关系股东	22104	1.30	2.39	3.63	1.75	0.03	0.04	0.03
	差值		2.78***	3.49***	5.34***	2.50***	1.11***	1.64***	1.13***

注：①报告的是独立样本均值t检验结果。***、**、*分别表示1%、5%、10%的水平上双尾显著。②表决权或话语权杠杆的数据集有较大偏斜。一是因为持股比例较小的股东没有委派董事，故话语权杠杆为0的股东很多。二是因为个人股东中包含较多高管，持有高管股，持股比例小，计算出来的话语权杠杆非常大。为了减少偏斜度和极端值的影响，进行了5%的winsorize处理，进行比较已有一定的代表性。
语权杠杆进行了统计和对比。对法人股东进行对比和对比已有一定的代表性。

控股股东对权力让渡的偏向性。显性关系股东和非关系股东权力配置的显著差异在国有企业和民营企业中均有存在。

B栏关注存在隐性关系股东的样本公司，报告隐性关系股东和非关系股东的权力配置情况。公司发起人股东和战略投资者在公司决策中占据重要的位置，平均持股4.07%，占据董事会5.88%、非独立董事8.97%和董监高4.25%的席位，显著高于非关系股东。剩余控制权向发起人和战略投资联盟的倾斜，使他们的董事会表决权杠杆均值为1.14，在非独立董事中的表决权杠杆为1.68，董监高话语权杠杆为1.17，而非关系股东的上述杠杆指标均低于0.1。说明隐性关系股东权力超额配置的现象在国有企业和民营企业中也普遍存在。

4.4.2.2 关系股东超额权力的分布与来源

表4.3进一步分析关系股东在董事会获得超额表决权的状况。在4843个显性和13680个隐性关系股东样本中，有1997个显性（41.2%）和5036个隐性（36.8%）关系股东向公司委派了董事。其中518个显性关系股东所占董事会席位比例低于或等于其持股比例，而1479个显性关系股东样本（30.5%）获得超额董事会席位。974个隐性关系股东样本所占董事会席位比例低于或等于其持股比例，而4062个隐性关系股东样本（29.7%）获得超额董事会席位。

表4.3　　　　关系股东董事会超额权力的分布与来源

关系股东的董事会表决权杠杆	显性关系股东	占比（%）	隐性关系股东	占比（%）
杠杆=0（无委派董事）	2846	58.77	8644	63.19
杠杆≤1	518	10.70	974	20.11
杠杆>1且控股联盟总杠杆≤1	1106	22.84	2973	21.73
杠杆>1且控股联盟总杠杆>1	373	7.70	1089	7.96
合计	4843	100.00	13680	100.00
关系股东的非独董表决权杠杆	显性关系股东	占比（%）	隐性关系股东	占比（%）
杠杆=0（无委派董事）	2846	58.77	8644	63.19
杠杆≤1	283	5.84	465	9.60
杠杆>1且控股联盟总杠杆≤1	610	12.60	1430	10.45
杠杆>1且控股联盟总杠杆>1	1104	22.80	3141	22.96
合计	4843	100.00	13680	100.00

关系股东在董事会获得超额席位，可能因控股股东所持股权比例而获得提名。一方面，若关系股东与其控股股东的合并董事会席位不超过控股联盟的股权比例，那么关系股东获得的超额董事会席位仅代表控股股东对其进行的权力让渡。在1479个获得超额董事会表决权的显性关系股东样本中，有1106个属于该种情况。在4062个获得超额董事会表决权的隐性关系股东样本中，有2973个情况亦然。另一方面，若关系股东在获得超额董事表决权的同时，其与控股股东的合并董事会席位也超过了控股联盟的股权比例，那么控股股东与关系股东的超额权力显得更为突出。在显性关系股东样本中，有373个在获得超额权力配置的同时，也使控股联盟的董事会表决权超出了其持有的股权比例。在隐性关系股东样本中，有1089个也属这种情况。若考察非独立董事的席位在股东之间的分布，那么关系股东获得超额权力配置的情况将更为明显。显性关系股东样本中向公司委派了董事的有1997个，仅有283个样本的非独董表决权杠杆低于1，另1714个获得了超额非独董表决权，其中1104个使控股联盟的非独董表决权杠杆大于1。隐性关系股东样本中向公司委派了董事的有5036个，仅有465个样本的非独董表决权杠杆低于1，另4571个获得了超额非独董表决权，其中3141个非独董超额表决权贡献于控股联盟的超额权力。

4.4.3 关系股东超额权力配置对控股股东实际控制力的影响

4.4.3.1 考虑关系股东权力配置前后的控股股东控制力

鉴于关系股东与控股股东之间的亲密关系，以及控股股东在让渡股东大会表决权、董事会表决权和董监高话语权时向关系股东倾斜的事实，我们在考察控股股东对公司的实际控制力时，应当考虑到其向关系股东配置的各种权力。表4.4针对存在股东关系的公司，分析考虑关系股东的权力配置前后控股股东控制力的变化。

表4.4的结果显示，考虑让渡给显性关系股东的权力以后，控股股东的股东大会表决权、董事会表决权、非独董表决权、董监高话语权平均分别提高10.10%、8.12%、12.43%和6.35%，均在1%的水平上显著。而隐性关系股东给控股股东的权力辅助更为强大，控股股东的以上权力依次平均提高14.02%、13.59%、20.55%和10.77%，均在1%的水平上显著。对关系股东权力的让渡不仅增加了控股联盟权力的绝对值，也提高了控股联盟权力的杠杆。考虑显性

表 4.4 关系股东的权力配置对控股股东控制力的影响

A 栏 显性关系股东的权力配置对控股股东控制力的影响

公司类型	股东类型	持股比例（%）	委派董事比例（%）	委派非独董/董事（%）	委派董监比例（%）	董事会表决权杠杆	非独董表决权杠杆	董监高话语权杠杆
国有企业 n=1729	控股股东	37.88	24.21	36.18	18.90	0.70	1.06	0.55
	控股+关系	46.72	31.55	47.22	24.74	0.73	1.10	0.57
	差值	8.84***	7.34***	11.04***	5.84***	0.03***	0.04***	0.02***
民营企业 n=938	控股股东	32.55	16.47	25.76	12.83	0.56	0.88	0.43
	控股+关系	45.18	26.06	40.82	20.09	0.62	0.96	0.48
	差值	12.63***	9.59***	15.05***	7.26***	0.05***	0.08***	0.05***
全体样本 n=2744	控股股东	35.82	21.39	32.36	16.70	0.66	1.00	0.51
	控股+关系	45.92	29.51	44.79	23.05	0.69	1.05	0.54
	差值	10.10***	8.12***	12.43***	6.35***	0.04***	0.06***	0.03***

B 栏 隐性关系股东的权力配置对控股股东控制力的影响

公司类型	股东类型	持股比例（%）	委派董事比例（%）	委派非独董/董事（%）	委派董监比例（%）	董事会表决权杠杆	非独董表决权杠杆	董监高话语权杠杆
国有企业 n=1729	控股股东	42.45	23.76	35.18	18.94	0.58	0.87	0.46
	控股+关系	53.62	35.17	52.08	28.04	0.68	1.00	0.54
	差值	11.17***	11.41***	16.93***	9.10***	0.09***	0.14***	0.07***
民营企业 n=938	控股股东	34.94	18.02	28.11	13.80	0.57	0.89	0.42
	控股+关系	56.05	37.18	57.91	28.83	0.70	1.09	0.55
	差值	21.11***	19.16***	29.80***	15.03***	0.13***	0.20***	0.13***
全体样本 n=2744	控股股东	40.20	21.99	32.96	17.40	0.58	0.87	0.45
	控股+关系	54.22	35.58	53.50	28.17	0.68	1.03	0.54
	差值	14.02***	13.59***	20.55***	10.77***	0.10***	0.15***	0.09***

注：报告的是独立样本均值 t 检验结果，***、**、* 分别表示在 1%、5%、10% 的水平上双尾显著。

和隐性关系股东的权力配置以后，控股股东的董事会表决权杠杆和董监高话语权杠杆显著提高（显著性水平1%），非独董的表决权杠杆均值还上升到1.0以上。这些现象在国有公司和民营企业中均一致存在，且民营企业中关系股东持有股权和委派董事对控股股东权力的增强在经济意义上更为明显。

结合中国公司的治理实践，有三个重要的表决权比例临界点，即1/3、1/2和2/3。一般而言，持有出席会议的股东所持表决权1/2或委派董事占半数以上，便能在股东大会或董事会的一般事项决议中持有绝对话语权；持有出席会议的股东所持表决权2/3以上或委派董事占2/3以上，便能对公司合并、增减资本、修改章程、由董事会审批的对外担保等重大事项有绝对话语权；即使仅控制出席会议的股东所持表决权或全体董事的1/3，也能对相关事项持有一票否决权。考虑到关系股东与控股股东的利益关联，关系股东持股和委派董事确实能使控股股东的控制权更为稳固。显性关系股东的超额权力使关系股东联盟平均掌握接近50%的股权表决权，在董事会中掌握重大事项的一票否决权。而隐性关系股东的权力配置则使关系股东联盟稳持一般事项的股票表决权和董事会一票否决权，并接近重大事项的表决权比例。若进一步考虑流通股股东的"搭便车"行为（少有出席股东大会）和中国独立董事在公司治理中作用甚微的现象（支晓强等，2005；唐清泉等，2005；高雷等，2006），那么以控股股东为中心的关系股东联盟很可能已控制了股东大会和董事会。

4.4.3.2 关系股东的权力配置在控股股东回避表决时的作用

向关系股东配置权力除了反映控股股东在对外融资时紧握控制权的意图，还反映其面临愈加严密的法律和舆论监管时所采取的策略，其中之一是关联回避表决的法规约束。表4.5从关联回避表决的角度考察关系股东权力配置对控股股东控制力的影响。结果显示，在第二至第十大股东中，显性关系股东掌握了均值41.90%、中位数51.22%的股东大会表决权，以及均值46.93%、中位数100%的董事会表决权；隐性关系股东掌握了均值66.04%、中位数78.88%的股东大会表决权，以及均值85.37%、中位数100%的董事会表决权。可见，当涉及控股股东的关联事项发生、控股股东或其委派董事需要回避表决时，无论是需要1/2以上非控股股东或董事通过的事项，还是2/3以上非控股股东或董事通过的事项，国有企业与民营企业中关系股东及其委派董事所持权力将产生举足轻重的影响。

表4.5 关系股东的权力配置在控股股东回避表决时的作用

A栏 显性关系股东的权力配置在控股股东回避表决时的作用

公司类型	股东类型	持股比例(%) 均值	持股比例(%) 中位数	委派董事(%) 均值	委派董事(%) 中位数	委派非独董(%) 均值	委派非独董(%) 中位数	委派董监高(%) 均值	委派董监高(%) 中位数
国有企业 n=1729	关系股东（b）	8.84	10.54	7.34	12.50	11.04	20.00	5.84	8.03
	第2-10股东（a）	21.70	20.36	15.55	12.50	23.27	20.00	11.99	10.53
	比值 b/a（%）	40.73	51.77	47.25	100.00	47.43	100.00	48.70	76.25
民营企业 n=938	关系股东（b）	12.63	14.43	9.59	10.73	15.06	15.71	7.26	8.04
	第2-10股东（a）	28.47	28.42	20.63	19.82	32.04	30.00	16.31	14.29
	比值 b/a（%）	44.37	50.76	46.47	54.13	47.01	52.38	44.50	56.25
全体样本 n=2774	关系股东（b）	10.10	11.93	8.12	15.38	12.43	25.00	6.35	7.00
	第2-10股东（a）	24.10	23.28	17.30	15.38	26.32	25.00	13.54	11.76
	比值 b/a（%）	41.90	51.22	46.93	100.00	47.23	100.00	46.88	59.52

B栏 隐性关系股东的权力配置在控股股东回避表决时的作用

公司类型	股东类型	持股比例(%) 均值	持股比例(%) 中位数	委派董事(%) 均值	委派董事(%) 中位数	委派非独董(%) 均值	委派非独董(%) 中位数	委派董监高(%) 均值	委派董监高(%) 中位数
国有企业 n=2748	关系股东（b）	11.17	11.63	11.41	11.11	16.90	16.67	9.10	10.00
	第2-10股东（a）	18.64	15.69	13.96	11.11	20.69	16.67	11.01	10.00
	比值 b/a（%）	59.95	74.09	81.70	100.00	81.66	100.00	82.68	100.00
民营企业 n=1090	关系股东（b）	21.11	24.20	19.16	20.00	29.80	33.33	15.03	14.71
	第2-10股东（a）	27.66	28.17	21.03	20.00	32.70	33.33	16.54	14.71
	比值 b/a（%）	76.31	85.90	91.10	100.00	91.15	100.00	90.84	100.00
全体样本 n=3976	关系股东（b）	14.02	15.35	13.59	12.50	20.55	20.00	10.77	10.80
	第2-10股东（a）	21.23	19.46	15.92	12.50	24.04	20.00	12.54	10.80
	比值 b/a（%）	66.04	78.88	85.37	100.00	85.47	100.00	85.84	100.00

4.4.3.3 关系股东超额权力对控股股东控制力的影响：公司之间的比较

表 4.6 将存在关系股东和不存在关系股东的两类公司进行对比，分析关系股东的超额权力对公司间控股势力的影响。A 栏结果显示，考虑显性关系股东前，存在显性关系股东的公司中控股股东持股比其他公司平均要低 4.89%，第二至第十大股东的股权制衡比例比其他公司平均要高 6.58%，差异在 1% 的水平上显著。但考虑显性关系股东以后，存在显性关系股东的公司中股东联盟控股比其他公司的单一股东控股平均高出 5.20%，非关系股东的股权制衡力量平均比其他公司低 3.51%，在 1% 的水平上显著。董事会表决权的情况相似。而从 B 栏来看，隐性关系股东对控股势力的增强和制衡力量的削弱更为明显。考虑隐性关系股东的权力配置以后，隐性关系股东联盟的股权与董事会席位分别比其他公司单一控股之下高出 15.55% 和 10.99%，而非关系股东的股权与董事会制衡平均要低 17.25% 和 6.94%。

按最终控制人的产权性质，上述关系股东对控股股东控制力的影响在国有企业和民营企业均显著存在，其中民营企业的关系股东所起作用在经济意义上更为明显。而且从持股比例上看，存在关系股东的民营企业其控股股东本身的持股要比其他公司的控股股东显著更高，反映了这些公司的控股股东对控制权的保护更为顽强。

4.4.4 稳健性检验

监管环境的变化和股权分置改革可能对关系股东的超额权力配置有所影响。我们分年度考察了关系股东的权力配置状况，及其对控股股东势力的影响。关系股东的各级权力配置在各年度均显著高于非关系股东，显著提高了控股股东的各级权力。而且，两组股东的权力差异呈每年逐步增加的趋势，说明控股股东对股权及其相应表决权的让渡有选择性，随着监管强度的增大和股权分置改革所带来的流动性风险增加，会更倾向于把权力保留在关系股东内部。

为避免样本非正态分布对均值 t 检验结果的影响，我们也对上述样本分布进行了 Wilcoxon 秩和检验。结果依然显示，显性关系股东和隐性关系股东获得显著更高的各级权力和权力杠杆，显著提高了控股股东从股东大会到管理层的各级权力和权力杠杆。

表 4.6 关系股东超额权力对控股股东控制力的影响：公司之间的比较

A 栏 显性关系股东超额权力对控股股东控制力的影响：公司之间的比较

公司类型		样本数	持股比例（%）			委派董事比例（%）			
			控股股东	非控股股东	控股-关系股东	非关系股东	控股股东	非控股股东	控股+关系股东	非关系股东
国有企业	有关系股东	1729	37.88	21.70	46.72	12.86	24.21	15.53	31.55	8.19
	无关系股东	4751	44.46	15.16	44.46	15.16	26.53	8.14	26.53	8.14
	差值		-6.57***	6.54***	2.27***	-2.30***	-2.32***	7.39***	5.02***	0.05
民营企业	有关系股东	938	32.55	28.47	45.18	15.84	16.47	20.63	26.06	11.04
	无关系股东	1809	31.35	23.84	31.55	23.84	19.05	11.60	19.05	11.60
	差值		1.20	4.63***	13.83***	-8.00***	-2.58***	9.03***	7.01***	-0.56
全体样本	有关系股东	2744	35.82	24.10	45.92	14.00	21.39	17.30	29.51	9.18
	无关系股东	6797	40.71	17.52	40.71	17.52	24.36	9.10	24.36	9.10
	差值		-4.89***	6.58***	5.20***	-3.51***	-2.97***	8.21***	5.15***	0.09

B 栏 隐性关系股东超额权力对控股股东控制力的影响：公司之间的比较

公司类型		样本数	持股比例（%）				委派董事比例（%）			
			控股股东	非控股股东	控股-关系股东	非关系股东	控股股东	非控股股东	控股+关系股东	非关系股东
国有企业	有关系股东	2748	42.45	18.64	53.62	7.46	23.76	13.96	35.17	2.56
	无关系股东	3732	42.89	20.72	42.89	20.72	27.49	8.13	27.49	8.13
	差值		-0.45	-2.08***	10.73***	-13.26***	-3.73***	5.84***	7.68***	-5.57***
民营企业	有关系股东	1090	34.94	27.66	56.05	6.55	18.02	21.03	37.18	1.87
	无关系股东	1657	29.67	33.11	29.67	33.11	18.27	11.83	18.27	11.83
	差值		5.27***	-5.44***	26.38***	-26.55***	-0.24	9.20***	18.92***	-9.96***
全体样本	有关系股东	3976	40.20	21.23	54.22	7.21	21.99	15.92	35.58	2.33
	无关系股东	5565	38.67	24.46	38.67	24.46	24.59	9.27	24.59	9.27
	差值		1.54***	-3.24***	15.55***	-17.25***	-2.60***	6.65***	10.99***	-6.94***

注：报告的是独立样本均值 t 检验结果，***、**、* 分别表示在 1%、5%、10% 的水平上双尾显著。

对于公司间比较关系股东对控股股东势力的影响，我们还考察了关系股东的超额权力配置对控股股东的非独董表决权、董监高话语权的影响。结果显示本章的结论是稳健的，关系股东的权力超额配置使以控股股东为中心的关系股东联盟在公司权力机构中享有更强的控制力。

4.5 研究结论与政策建议

企业契约的不完全性导致了剩余控制权的存在，剩余控制权与剩余索取权的错配将引起部分股东权力超额配置的问题。现有文献关注到控股股东的权力超额配置现象，但未系统分析非控股股东的权力配置情况。从制衡理论出发探讨非控股股东能否监督控股股东的实证研究也得到不一致的结论，皆因对非控股股东的身份特征与权力配置问题尚未有深刻认识。本章从控股股东锁定控制权的目标出发，分析其面临的融资约束、监管舆论等多重环境，剖析其分享控制权的可能性、原因和对象。在控股股东面对多重市场约束与法律监督的现实状况下，非控股股东中的部分特定股东将获得超额权力、服务于控股股东维持控制和获取私利的目标，而控股股东的关系股东是获得超额权力最可能的对象。以2002～2008年在中国A股市场上交易的上市公司为样本，我们发现，中国资本市场上约有28.76%的公司存在显性关系股东，他们和控股股东之间存在产权、亲缘、任职等关联关系或者一致行动的协议；约有41.67%的公司存在隐性关系股东，他们与控股股东是共同发起人或战略合作伙伴。在这些存在显性或隐性关系股东的公司中，关系股东通过持有大额股份、委派董、监高等方式参与公司的决策和管理。关系股东所拥有的股权和委派董监高比例显著高于非关系股东，部分关系股东的董事会表决权和管理层话语权甚至高于其现金流权，获得超额的权力配置。对控股股东而言，关系股东的权力超额配置隐蔽地提高了控股股东的控制力，表现在以控股股东为中心的控股联盟显著提高了控股股东的股东大会表决权、董事会表决权和高管层话语权，控股股东原有的董事会表决权杠杆和董监高话语权杠杆也得到显著提升。

本章的分析和发现对中国的资本市场建设至少可带来以下启示：

第一，上市公司需在治理结构中均衡关系股东与非关系股东的权力配置，防止控股股东利用关系股东的权力侵占小股东利益。目前的公司治理研究与实践普遍关注控股股东的利益侵占行为。我们的分析表明，非控股股东如何行使权力的问题在公司治理实践中同样重要。从针对关系股东本身的外部监管实践来看,至少可从以下方面入手开展:(1)规范董事和高管的提名,明确针对股东权力超额配置的限制性条款。该限制性条款不仅需要防范显性关系股东的权力超额配置,还要针对单独与共同持股的每个股东或股东群体,防止隐性关系股东或股东联盟寻求超额权力。(2)关联回避表决应遵循更为严格的要求。除涉及关联交易的股东或董事需回避表决以外,该股东的关联方和一致行动人也应当回避。(3)为防止隐性关系股东滥用权力,可赋予独立董事一票否决权,并强化审计委员会和战略委员会跟踪关联交易、投资融资等重大事项动态情况的职能。对于涉及重大金额的决议,股东大会表决应在审计委员会或战略委员会出具并公告相关可行性报告后进行,保证非关系股东充分知悉的时间和权利,并提高其参与表决的意愿。

第二,加强关系股东相关信息的强制披露,完善关系股东信息披露的内容体系。目前关系股东受到的研究关注和实践监管较少,源于相关信息披露不充分、各界对其特征与权力配置状况认知不足。股东之间的关系繁多复杂,除了显性的关联关系或一致行动人关系以外,其他关系难以界定和辨别。但关系股东掌握重要的权力,其一举一动将对公司治理产生重要影响。因而在完善相关法规以防范关系股东滥用权力的同时,需在以下方面进一步完善上市公司信息披露的内容体系:(1)提高控股股东上层持股结构的披露完整度,提高相关信息的可靠性;(2)增加重要法人股东上层股权结构和创立发展背景的信息披露,披露重要自然人股东在籍贯、教育、从业等方面的背景信息,报告股东之间在商业活动等方面的利益关联;(3)在定期报告中披露发起人或战略投资者的持股情况及其相关背景信息;(4)披露董事会与股东大会中重要股东及其委派董事的投票情况,通过把股东特征信息及其参与治理的信息同时传递给市场,充分发挥市场的监督作用和价格惩罚机制。

第三,完善非关系股东的权力配置体系,健全机构投资者参与机制,积极推动累积投票制、征集投票制和股东大会网络投票制的有效应用,鼓励分散投资者推选独立董事。降低关系股东的权力比重,一个重要的方向是提高非关系股东的权力比重和参与治理的积极性。(1)从国外的经验来看,机构投资者能够在改善公司治理方面发挥积极作用。但我们的分析表明,在存在关系股东的公司中,非关系股东持股规模较小,机构投资者参与公司治理的可能性更小。实践中应逐步提高机构投资者参与持股的比例限制，提高机构投资者在非控股股东中的比重。一方面培育长期持股类的机构投资者，通过其进入董事会、参与"用手投票"，达到专业独立的第三方对关系股东和控股联盟进行监督制衡的状态。另一方面可发挥短期持股类机构投资者的"用脚投票"功能，用市场的价格惩罚机制监督关联股东权力超配或滥用权力的行为。（2）我们的分析发现，非关系股东参与公司治理的意识淡薄，应在实践中引导非关系股东充分运用累积投票、征集投票、股东大会网络投票和1%独立董事提名权等制度保护自身利益。可由中国证监会与相关媒体来主持，定期开展机构投资者参与公司治理情况的排名与评选活动。若相关活动可给机构投资者塑造品牌形象，必能促进以机构投资者为代表的非关系股东对公司治理的关心和参与。（3）基于中国上市公司中非关系股东持股比例依然较低、在非独立董事中席位甚微的现状，公司治理实践中应更加重视和发挥独立董事的监督作用，突出独立董事"诚信"和"勤勉"的任职标准（宁向东、张颖，2012）。

第四，完善公司设立的发起人制度，加强自然人和法人的诚信体系建设，推动公司制改造的市场化与法治化。关系股东的引入部分源自于《公司法》对发起人数目的规定。在中国诚信体系不完善的条件下，初始股东倾向寻找关系股东发起设立公司，这会留下公司治理结构和权力失衡的隐患。随着民营资本势力增强，应通过加强诚信教育、建立诚信档案、完善法律惩处等方式推动资金、技术、经验的所有者进行市场化的投资与合作，引导权力制衡在公司设立之始形成。

尽管本章揭示了控股股东的关系股东获得超额配置权力的现象，但还有一系列问题需在后续研究中进行分析和验证。例如，关系股东的超额权力会带来何种经济后果？对其自身行为有何影响？对控股股东行为有何影响？对其他公司治理机制、企业发展、公司价值、投资者保护等有何影响？这些问题都亟待在后续研究中进行深入分析和探讨。

本章主要参考文献

[1] 陈信元、汪辉："股东制衡与公司价值：模型及经验证据"，载于《数量经济技术经济研究》，2004年第11期。

[2] 徐莉萍、辛宇、陈工孟："股权集中度和股权制衡及其对公司经营绩

效的影响",载于《经济研究》,2006年第1期。

[3] 高雷、何少华、黄志忠:"公司治理与掏空",载于《经济学(季刊)》,2006年第4期。

[4] 刘伟、刘星、张汉荣:"股权集中、股权制衡对大股东侵占行为的影响研究",载于《中国会计与财务研究》,2010年第6期。

[5] 魏明海、程敏英、郑国坚:"从股权结构到股东关系",载于《会计研究》,2011年第1期。

[6] 崔宏、夏冬林:"全流通条件下的股东分散持股结构与公司控制权市场失灵",载于《管理世界》,2006年第10期。

[7] 朱卫平:"论企业家与家族企业",载于《管理世界》,2004年第7期。

[8] 支晓强、童盼:"盈余管理、控制权转移与独立董事变更:兼论独立董事治理作用的发挥",载于《管理世界》,2005年第12期。

[9] 唐清泉、罗党论、王莉:"大股东的隧道挖掘与制衡力量:来自中国市场的经验证据",载于《中国会计评论》,2005年第1期。

[10] 毛世平:"金字塔控制结构与股权制衡效应——基于中国上市公司的实证研究",载于《管理世界》,2009年第1期。

[11] 宁向东、张颖:"独立董事能够勤勉和诚信地进行监督吗——独立董事行为决策模型的构建",载于《中国工业经济》,2012年第1期。

[12] Berle A. and G. Means. The Modern Corporation and Private Property [M]. Chicago: Commerce Clearing House.1932.

[13] Grossman, S. J. and O. D. Hart. The Costs and Benefits of Ownership: A Theory of Vertical and Lateral Integration, Journal of Political Economy [J], 1986, 94.

[14] Grossman, S. J. and O. D. Hart. One Share-One Vote and the Market for Corporate Control [J]. Journal of Financial Economics, 1988, 20, (1).

[15] Hart O. and J. Moore. Property Rights and the Nature of the Firm [J]. Journal of Political Economy, 1990, 98, (6).

[16] Hart O. Firms, Contracts, and Financial Structure [M]. London: Oxford University Press, 1995.

[17] La Porta, R., F. Lopez-de-Silanes, and A. Shleifer. Corporate Ownership

around the World[J]. Journal of Finance 1999, 54, (2).

[18] Claessens, S., S. Djankov and L. Lang. The Separation of Ownership and Control in East Asian Corporations[J]. Journal of Financial Economics, 2000, 58, (1-2).

[19] Faccio, M. and L. Lang. The Ultimate Ownership of Western European Corporations[J]. Journal of Financial Economics, 2002, 65, (3).

[20] Shleifer, A. and R. W. Vishny. A Survey of Corporate Governance[J]. Journal of Finance, 1997, 52, (2).

[21] Pagano, M. and A. Röell. The Choice of Stock Ownership Structure: Agency Costs, Monitoring, and the Decision to Go Public[J]. Quarterly Journal of Economics, 1998, 113, (1).

[22] Bennedsen, M. and D. Wolfenzon. The Balance of Power in Close Corporations[J]. Journal of Financial Economics, 2000, 58, (1-2).

[23] Bloch, F., and U. Hege. Multiple Large Shareholders and Control Contests[M]. Mimeo, HEC, 2001.

[24] Edmans A., and M. Gustavo. Governance through Trading and Intervention: A Theory of Multiple Blockholders[J]. Review of Financial Studies, 2011, 24, (7).

[25] Volpin, P. Governance with Poor Investor Protection: Evidence from Top Executive Turnover in Italy[J]. Journal of Financial Economics, 2002, 64, (1).

[26] Laeven, L., and R. Levine. Complex Ownership Structures and Corporate Valuations[J]. Review of Financial Studies, 2008, 21, (2).

[27] Maury, B., and A. Pajuste. Multiple Controlling Shareholders and Firm Value[J]. Journal of Banking and Finance. 2005, 29, (7).

[28] Aghion P. and J. Tirole. Formal and Real Authority in Organizations[J]. Journal of Political Economy, 1997, 105, (1).

第 5 章
家族企业关联大股东的治理角色[①]

5.1 引言

经过改革开放 40 年的快速发展，家族企业已成为我国国民经济的重要组成部分。在中国资本市场上，家族控股的上市公司从 1995 年仅有的 1 家快速增长到 2011 年底的 1100 多家，已超过国有上市公司的数量[②]。家族企业具有初创成本低、家族成员可信度高、内部凝聚力强等特点（陈凌等，2011），表现出极大的活力，有力推动了企业的发展。家族所有权与管理权的高度统一使第一类代理问题在很大程度上得到缓解，有利于经营绩效的提升（Anderson & Reeb，2003）。然而，家族企业中也存在明显的特殊问题：任人唯亲、裙带关系、家族式管理等成为阻碍家族企业提高效率的重要因素（陈高林，2003）；与之相关，家族股东通过掏空（tunneling）等方式侵占外部股东利益等第二类代理问题也逐渐暴露出来（Johnson et al.，2000；李增泉等，2004；刘峰等，2004；高雷、宋顺林，2008），不仅限制了家族企业自身价值的提升（Claessens et al.，2000；苏启林等，2003），更因损害了中小股东利益而影响到中国资本市场的有序发展。因此，研究哪些机制将加剧或缓解家族控股上市公司中的第二类代理问题，将有利于促进家族企业和资本市场的持续健康发展。

[①] 本章主要根据魏明海、黄琼宇、程敏英发表于《管理世界》（2013 年第 3 期）的论文"家族企业关联大股东的治理角色——基于关联交易的视角"整理而成。

[②] 据 CSMAR 数据库统计，截至 2011 年底，实际控制人为政府的上市公司为 771 家，实际控制人为自然人或民营企业的上市公司为 1178 家。

从学术界对家族企业治理问题的研究来看，国内外学者对家族控股为何加深大小股东之间的代理冲突给出了一系列的解释，主要可归结为两个方面：第一，融资约束使个人或家族大多采用金字塔结构的方式以较少的投资控制较多的股份（Almeida & Wolfenzon，2006；李增泉等，2008；张华等，2004），控制权与现金流权分离使将资源留在上市公司再投资的收益远小于进行利益侵占或转移资源再投资的收益（Lemmon & Lins，2003；Villalong & Amit, 2006；吕长江、肖成民，2006；刘启亮等，2008）。第二，集团公司和系族企业的组织模式为家族企业通过关联交易等方式向家族持股比例较高的公司输送利益提供了很多的便利，加大了家族控股股东侵害中小股东权益的概率和程度（Bertrand et al., 2002；Bae et al., 2002；陈晓红等，2007；邵军、刘志远，2007；马金城、王磊，2009）。然而，这些文献均是从家族上市公司的上层持股结构或组织结构来考察的，忽视了家族控股最根本的特征——上市公司自身家族式的产权安排和决策管理结构对家族股东侵占中小股东的行为所带来的影响。

家庭（或家族）涉足经营活动是家族企业具有的独一无二的特征（Chua et al., 1999）。家族企业的家族式管理与职业化管理相对应（陈凌等，2011），家族式管理的程度取决于家族对公司股权和管理岗位的控制水平，表现为家庭的核心成员、姻亲成员、熟人干亲及其他关联方持有公司股权和掌控管理岗位的程度（郭跃进，2002；李善民，2004）。研究表明，家族式的管理模式和管理权力在家族成员之间的配置显著影响家族企业的经营"效率"，可有效地解释家族企业内部的治理效率和财务绩效（贺小刚等 2010；连燕玲等，2011）。家族企业中家族式管理的程度对家族控股股东侵占外部中小股东的利益分配问题是否产生影响？具体来说，如果把公司治理定义为防止公司内部人侵占外部人利益的一系列制度安排（Shleifer & Vishny，1997），那么家族企业是由一人持股、还是由家族成员及其关联方多人持股，是否会导致公司治理效率的差异？家族成员及其关联方参与决策和管理是否为家族控股股东侵占外部中小投资者利益提供了便利和渠道？这是尚未得到文献关注的重要问题，也是本章的研究焦点所在。

本章从家族企业的直接持股结构和董监高结构的角度，以2003～2008年中国家族控股的上市公司为样本，考察家族控股上市公司中控股股东的关联大股东参与持股和决策管理对公司价值和企业关联交易状况的影响。关联大股东是指与家族控股股东存在关联关系或一致行动人关系的股东,包括第二至第十大股东中与第一大股东存在产权关联、亲缘关联、任职关联或一致行动人协议的股东。家族多成员持股和参与决策管理,将影响家族股东掏空上市公司的动机和能力,并反映到掏空程度和公司价值上。如果关联大股东的持股和决策管理加剧了控股家族对外部投资者利益的侵占,市场将对上市公司价值给予折价,反之亦然。同时,我国上市公司的关联交易是控股股东侵占中小股东利益的重要途径(李增泉等,2005;陈晓、王琨,2005),直接考察关联大股东的持股和决策管理权力对关联交易的影响,及其与关联交易的交互关系对公司价值的影响,可进一步检验公司价值折价(或溢价)的原因,从而为家族关联大股东的治理效应提供证据。

  本章的研究有以下特点:(1)学术界往往将家族企业控股股东掏空上市公司的现象与家族企业的控制权—现金流权分离、金字塔结构、系族结构等上层持股和组织结构相联系(刘启亮等,2008;张华等,2004;马金城等,2009),忽视了上市公司自身家族式的持股结构和决策管理结构对家族控股股东侵占动机和能力的影响。本章从家族企业最根本的特征出发,发现家族关联大股东参与持股和管理会增强家族股东掏空上市公司的动机和作用途径,为家族企业第二类代理问题严重的现象提供了新的解释。(2)已有文献几乎将所有家族成员作为一个整体进行分析,少有考虑家族资本是通过控股股东集中投资还是控股股东与其关联大股东相组合的模式来进行控股的。贺小刚等(2009,2010,2011)在此方面进行了一些开拓,但主要围绕家族多成员持股和参与决策管理的特征对家族企业内部经营效率影响进行分析。本章则从家族企业内部人与外部人之间的利益分配冲突及其治理出发,考察家族多成员持股所产生的经济后果。(3)国外关于股权制衡的研究倾向于认为,股权制衡能在一定程度上抑制控股股东侵害中小股东利益的行为,有利于提高公司业绩和价值(Pagano & Röell, 1998; Bennedsen & Wolfenzon, 2000; Edmans & Manso, 2011);但一些基于中国的研究却得出不一致的结论(高雷等,2006;徐莉萍等,2006)。本章从关联大股东的角度,发现当关联大股东作为其他大股东参与持股或决策管理时,并不能监督和抑制家族控股股东的掏空行为,为家族企业股权制衡失效的现象提供更明确的证据和解释。

5.2 家族控股下的代理问题及其治理机制：相关文献回顾

家族企业是由个人或家族控制的公司（Wei et al., 2011），普遍存在于世界各国的资本市场中，占发达国家大小型企业的30%、东亚国家企业的2/3和欧洲国家企业的44%（La Porta et al., 1999; Claessens et al., 2000; Faccio & Lang, 2002）。由于家族控股股东有动机严格监督管理层，家族成员也往往积极参与到企业管理中，因而所有者与管理者分离所产生的第一类代理问题在家族企业中可大大得到缓解（Ali et al., 2007）。研究表明，家族企业比非家族企业有更好的经营绩效（Anderson & Reeb, 2003a；陈晓、陈小悦，2003），承担更低的债务融资成本（Anderson & Reeb, 2003b）。然而，因为控股家族可通过集中的股权和高比例的董事会席位控制企业，并通过金字塔结构等方式使控制权超越现金流权，因而家族股东有强烈动机和能力侵占中小股东利益，加剧了第二类代理问题（Villalonga & Amit, 2009）。维拉隆加和阿米特（Villalonga & Amit, 2006）发现，双层股票、金字塔结构和投票权协议降低家族创始人股东的溢价，这种现象在投资者保护程度比较低的国家中更为严重（La Porta et al., 2000）。

为了以低成本获取超额收益，控股股东通过定向发行、资产转移、转让定价等多种方式掏空上市公司（Johnson et al., 2000; Bertrand et al., 2002），其中关联交易是中国资本市场上控股股东侵占小股东利益的重要途径（李增泉等，2005；陈晓、王琨，2005）。证据显示，家族企业控股股东存在严重的掏空行为。吕长江、肖成民（2006）认为控制权与现金流权分离使将资源留在上市公司再投资的收益远小于进行利益侵占或转移资源再投资的收益，他们对江苏阳光集团的分析证实了最终控制人掏空行为的存在。对此，文献的焦点集中于两权分离的形成机制，认为家族企业的金字塔结构、企业集团、系族公司等产权和组织结构安排为掏空活动提供了空间和便利。邵军、刘志远（2007）通过对鸿仪系的研究发现，系族企业最终控制人往往通过内部资本市场进行掏空，造成内部资本市场无效率。刘启亮等（2008）发现格林柯尔系控制人利用金字塔结构，通过关联交易对旗下上市公司的掏空行为。许艳芳等（2009）发现明天科技从外部资本市场筹集的资金并非用于自身发展，而是在控股股东的主导下通过各种隐秘的内部资本市场运作方式，转移给明天系集团企业的控股股东及其控制的非上市公司。然而，家族企业本身是否存在着某种独特的因素影响着控股股东的掏空动机和能力，例如其家族式的产权和决策管理安排，并未受到文献的关注。

因为控股股东对中小股东利益侵占行为的存在，一系列文献探讨了何种治理机制可对其进行约束，其中股权制衡是讨论的焦点。一般情况下，其他大股东的引入会对控股股东形成监督和约束，因为两方谈判可减少私有收益的侵占和租金榨取（Gome & Novaes，2001），大股东之间为了争夺控制权也会减少对小股东的侵占（Bloch & Hege，2001）。有证据显示，大股东数量增加会降低关联交易的发生金额和概率（陈晓、王琨，2005），股权制衡有利于提高公司治理效率，抑制以"利益掏空"为目的的关联交易的发生（洪剑峭、薛浩，2008）。然而，情况在家族企业中会变得更加复杂。本内森和沃尔芬森（2000）建立理论模型，说明股东之间可能存在动态联盟关系。在家族企业中，如果第二大股东是另一个家族，公司价值会下降；如果第二大股东非家族，公司价值则会上升（Maury & Pajuste，2005；刘星、刘伟，2007），说明如果其他股东与家族控股股东在某些方面具有相似性，会影响监督和制衡家族控股股东的效果。安德森和雷布（Anderson & Reeb，2004）进一步对董事会结构进行分析，发现大量引入独立董事对家族董事进行制衡的家族企业价值最高；相反，家族持续持股和引入较少独立董事的家族企业价值比非家族企业更低。由此，系统地研究家族成员等关联大股东的持股及其在董监高中的权力配置如何影响家族控股股东的掏空行为，可探明家族式管理对第二类代理问题和股权制衡效果的影响，并为公司价值变化的作用途径提供证据。

5.3 制度背景与理论分析

5.3.1 家族企业关联大股东的形成

家族式组织作为中国大多数民营企业所采取的组织形态，是依托中国制度背景环境和传统儒家文化生成与变迁的。首先，从最直接的法律规定来看，关联大股东的大量存在与我国《公司法》等对公司设立制度安排有重要关系。西方国家的法律对公司设立（尤其是资本）几乎没有太多要求，但在我国，无论是《公司法》还是两家证券交易所对股份公司的设立都有严格且详细的要求（如对资本额、发起人股东数量、发起人认购股份、发起人的权利等）。自1993年《公司法》实施以来，要求设立股份有限公司时应当有5人以上（含5人）为发起人。此类严格且详细的要求直接导致了关联大股东的大量存在。其次，从制度层面来看，我国的投资者保护环境较差，家族成员持有大量股份并参与公司管理可缓解所有者与管理层之间的代理问题，因此产生了家族成员通过抱团来增加家族影响力的现象。再次，从融资需求角度而言，早期资本市场的融资政策主要服务于国有企业改革，上市制度和政策倾向于国有企业，银行融资更多地惠及国有企业或政治关系强的企业，家族企业只能依靠亲缘、姻缘形成长期有效的关系网络，以满足资金需求。由相互信任的家族成员对企业持股，形成网状的股权结构，可为企业发展带来融资优势（Almeida & Wolfenzon, 2006）。最后，从文化传统来看，中国的合同执行成本很高，而伦理规范和社会习俗等非正式制度以社会制裁为后盾，可作为替代的约束机制，保证交易或资源输出。根植于传统儒家文化的"关系治理"是中国家族企业的一个典型特征，即家族企业内部的管理运作不是根植于明确的规章制度及完善的机制，而是以企业所有者和管理层与企业其他内部成员之间存在的"关系"（即非正式制度规则）为依据。血缘、亲缘、地缘和友缘等关系组成的群体较容易获得彼此的信任与认同，从而解释了关联大股东在家族企业中普遍存在的现象。

下面以奥特迅（002227）为例，分析家族企业中关联大股东的持股方式及其在董监高中的角色和地位（图5.1）。解读奥特迅2007年年报，前十大股东中欧华实业有限公司（简称欧华实业）、深圳市盛能投资管理有限公司（简称盛能投资）、深圳市宁泰科技投资有限公司（简称宁泰科技）、深圳市欧立电子有限公司（简称欧立电子）和深圳市大方正祥贸易有限公司（简称大方正祥）均为公司的发起人股东，分别持有公司62.60%、5.23%、4.85%、1.25%和0.75%的股权。单看直接持股结构，无法判断股东是否具有家族属性、它们之间是否关联。进一步考察其产权和管理结构可知，欧华实业的股东为廖晓霞和廖晓东，分别持有其67.50%和32.50%的股权；盛能投资的股东为廖晓东、王凤仁和李强武，分别持有其52.38%、33.33%和14.29%的股权；宁泰科技的股东为詹美华和王结，分别持有其64.10%和35.9%的股权；欧立电子的股东为肖美珠和詹美华，分别持有其80%和20%的股权；大方正祥的股东为詹美华和詹松荣，分别持有其90%和10%的股权。上述自然人之间的关联关系为：

廖晓霞与廖晓东为姐弟，詹美华与廖晓东为夫妻，肖美珠为廖晓霞和廖晓东之母，詹松荣为詹美华之兄。由此可见，该五大法人股东实际上为同一家族的成员所控制，奥特迅实质上是以多个家族成员共同持股的方式组建其股权结构的。根据我们的定义，盛能投资、宁泰科技、欧立电子及大方正祥均为关联大股东，合并持股比例为12.08%。

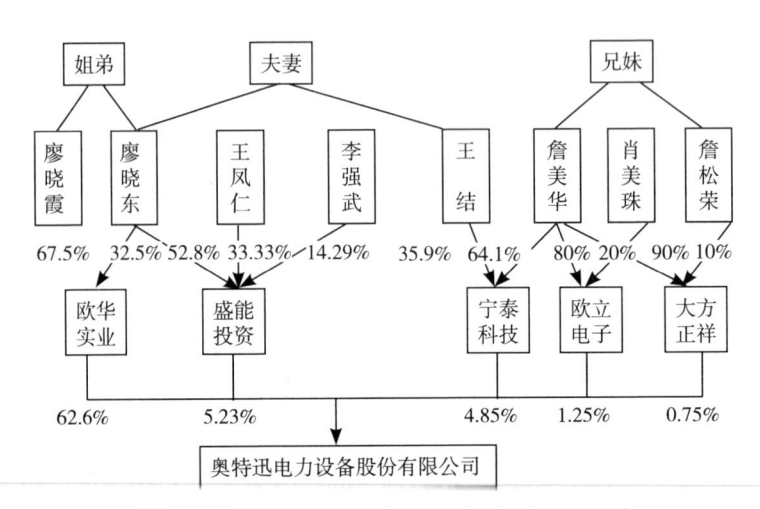

图 5.1　奥特迅股权结构（2007年12月31日）

进一步分析其董监高结构，廖晓霞为董事长，廖晓东、王凤仁为董事，王结为董事、副总经理，李强武为监事会主席。因奥特迅董事会规模为5人，董监高席位为10个，故关联大股东委派董事比例为60%，委派董监高比例为40%。由此可见，关联大股东的委派董事比例、董监高比例均超过其本身持股比例，分别为持股比例的4.967（60%/12.08%）和3.311（40%/12.08%）。关联大股东超额占有公司的董事会和董监高席位，可能会助长家族股东的利益侵占行为。

5.3.2　理论分析与假设提出

对西欧国家的研究发现，第二大股东的出现对公司价值有正效应，第二大股东与控股股东的投票权差异越小，越可与控股股东抗衡，公司价值越高（Laeven & Levine, 2008）。然而法西奥等（2002）发现，当公司存在多个大股东时，西欧国家的公司的确有较高的股利分配率，但亚洲公司的股利分配率却比较低,他们的解释是西欧公司的其他大股东可抑制控股股东对小股东的侵占,而亚洲的"裙带资本主义"特征(crony capitalism)使公司的其他大股东参与侵占合谋。家族企业中股东之间便存在典型的裙带关系,将难以抑制甚至助长控股股东的侵占行为及其对公司价值的损害。首先,家族多成员持股会增加对私有收益的诉求,多个股东分享控制权私利的要求将加剧家族股东获取更多私有收益的动机。其次,其他大股东与家族控股股东的关联将使股权制衡机制的效用销铄殆尽。莫里和帕尤斯特(2005)发现,如果第一大股东为家族、第二大股东是另一个家族,公司价值会下降。而阿蒂格等(Attig et al., 2009)发现,当两个大股东是同一家族成员时,信息风险高,股权资本成本也高。通过对中国上市公司的研究也发现,当第一、第二股东同为民营企业时,大股东倾向于达成共谋而非彼此监督(刘星、刘伟,2007)。由此推断,若关联大股东与控股股东存在着产权关联或血缘、姻缘关系,或者同为创业伙伴,这种天然的纽带比股权的同质性更进一步代表着利益的统一。他们之间更容易同声同气,非但使监督机制失效,而且促成与家族控股股东之间的合谋。关联大股东掌握的投票权,很可能受控股股东意志左右,在决策时更可能代表控股股东意愿。其持股比例越高,越会增强家族控股股东对中小股东利益侵占的能力,导致企业价值的折损。为此,本章提出如下假设:

H1a:其他条件一定,家族企业关联大股东的存在及其持股比例与企业价值负相关。

控股股东为了获取私有收益,必须与管理层合谋完成(Burkart,2003)。关联大股东向公司委派董监高,一方面可降低股东与管理层之间的代理问题,但另一方面却助长控股股东对中小股东的利益侵占,造成公司价值的下降。首先,关联大股东委派董事或董监高将降低董事会的独立性。关联董事(affiliated director)在董事会中的席位越多,董事会越不独立,其监督、制衡控股股东所派董事的作用越无法得到发挥,甚至与控股股东合谋获取私有收益(Prencipe & Bar-Yosef, 2012),企业价值越受损(Anderson & Reeb, 2004)。其次,控股股东与其关联大股东之间形成关联的董事网络,将大大增强家族对董事会和高管层的控制力,助其达成某些决策服务于家族利益而不是全体股东的利益。当关联大股东与控股股东共同拥有的董事或董监高席位达到一定数量时,即可实现对董事会的超额控制(Villalonga & Admit, 2009);董事会和高管的重大决策在更大程度上受到操纵。最后，过多的家族成员、亲信占据董事会和董监高席位，在专业知识、技能和管理才能上可能参差不齐，无法满足企业发展需求，也将导致公司价值下滑。为此，关联大股东委派董事和董监高比例越高时，越容易导致企业价值折损。我们提出如下假设：

H1b：其他条件一定，家族企业关联大股东委派董事和董监高比例与企业价值负相关。

关联交易是家族控股股东进行利益侵占的重要手段（Cheung et al., 2006；李增泉等，2004），家族企业可通过大规模的关联交易满足其避免退市或发行新股等各种动机（Jian & Wong, 2010）。在法律体系和监管制度对投资者保护力度尚不足够的环境下，家族企业引进关联大股东持股或参与决策管理，更容易导致关联交易的发生。首先，关联大股东持股和决策管理大大削弱了对控股股东进行监督的力量，也损害了监督控股股东掏空行为的重要机制。部分研究发现股权制衡对控股股东的掏空无影响，股权制衡没有发挥对关联担保的抑制作用（高雷、宋顺林，2007），刘伟等（2010）则认为是股东性质影响了股权制衡对控股股东侵占行为的抑制效果。其次，家族关联大股东持股和参与决策管理本身形成了关联交易的实施通道。企业集团控制将加剧公司控股股东的掏空行为（Baek et al., 2006; Jian & Wong, 2010；高雷等，2006），但家族企业集团原依靠家族控股股东与上市公司进行交易，交易渠道单一而且容易受到关注。而关联大股东持股将增强家族企业集团与上市公司的连接，为关联交易的进行提供多方通道。因此，关联大股东持股和参与管理实质上加强了集团内部企业的连接，将使掏空行为更为严重。相比于只在上市公司与母公司之间进行关联交易，控股股东与关联大股东之间的关联交易可能更为复杂也更为隐蔽。为此，本章提出假设2：

H2：其他条件一定，家族企业关联大股东的存在、持股比例、委派董事和董监高比例与企业的关联交易行为正相关。

关联交易未必均为大股东转移财富实现自身利益，企业集团可能通过内部关联交易以降低交易成本，从而提高成员企业价值（Khanna & Palepu, 1997）。部分被市场认为是机会主义的关联交易行为，才导致公司市场价值的下降（Cheung et al., 2006; Jian & Wong, 2005）。如果与家族控股和关联大股东相关的关联交易增加是基于掏空动机而开展的，那直接的后果是关联大股东的持股和决策管理将加剧关联交易对企业价值的折损效应。由此也可证明，家族关联大股东对公司价值的作用途径之一是加剧了掏空性关联交易的发生。为此，本章提出假设3：

H3a：其他条件一定，关联交易规模与公司价值负相关。

H3b：其他条件一定，家族企业关联大股东的持股、委派董事和委派董监高进一步加剧关联交易对公司价值的负面影响。

5.4 样本选择与研究方法

5.4.1 样本选择与数据来源

我们以2003~2008年在上海或深圳交易所交易、实际控制人可追溯到个人或家族的A股上市公司为样本。以2003年为起始年度，是由于2003年以后，上市公司对实际控制人的披露才趋于完善。我们剔除了金融、保险行业公司，余下共2492个公司年度样本。关联大股东的识别、持股比例、委派董事或董监高比例等数据手工收集于公司年度报告。根据公司年报的披露，识别第二至第十大股东是否与控股股东存在关联关系或是否为一致行动人，具体包括四种情形：(1)产权关联，即与控股股东属于同一最终控制人，或与控股股东存在单向持股或双向持股；(2)亲缘关联，即与控股股东存在亲属关系，或是控股股东的实际控制人的亲属，或其实际控制人是控股股东的亲属，或其实际控制人与控股股东的实际控制人是亲属；(3)任职关联，即是控股股东的高管，或与控股股东存在同一法定代表人或高管人员。(4)一致行动人。财务指标和公司治理等数据来自Wind和CSMAR数据库。

5.4.2 模型设定

为控制其他因素对因变量的潜在影响，我们通过多元回归的方法对假设进行检验。基础分析使用一般最小二乘法（OLS），并把所有变量在1%和99%分位数进行winsorize。为了消除可能存在的异方差和样本非独立问题，OLS回归中用robust和cluster（code）进行了调整。此外，在所有回归分析中加入年度和行业虚拟变量，控制近似经济环境所带来的固定效应。

我们设定模型（5.1）检验关联大股东对企业价值的影响。

$$Tobin's\_Q_{i,t}=\mu_0+\mu_1 FRS\_proxy_{i,t}+\mu_2 Cons_{i,t}+\mu_3 Cons_{i,t}^2+\mu_4 Consdman_{i,t}$$
$$+\mu_5 FAM\_ceo_{i,t}+\mu_6 NonRS\_pert_{i,t}+\mu_7 NonRSsddir\_pert_{i,t}$$
$$+\mu_8 Inst_{i,t}+\mu_9 Compensation_{i,t}+\mu_{10} Size_{i,t}+\mu_{11} Roa_{i,t}+\mu_{12} Lev_{i,t}$$
$$+\mu_{13} Growth_{i,t}+\mu_{14} Risk_{i,t}+\mu_{15} Age_{i,t}+\varepsilon_{i,t} \quad (5.1)$$

其中：$Tobin's\_Q$ 代表公司价值，等于公司资产的市场价值与资产的重置成本之比，其中公司资产的市场价值等于发行在外的普通股市场价值加上非流通股账面价值加上负债账面价值，公司资产的重置成本等于总资产的账面价值。为避免行业特征对 $Tobin's\_Q$ 的影响，稳健性检验中也用行业中位数调整后的 $Tobin's\_Q$（$Indadj\_Tobin's\_Q$）作为因变量。测试变量 FRS_proxy 包括两组变量共5个指标。第一组检验 H1a，即关联大股东存在及持股对企业价值的影响。其中，虚拟变量 RS_dum，当家族关联大股东参与持股时取1，否则取0；连续变量 RS_pert，表示关联大股东的持股比例。第二组检验 H1b，即关联大股东对董事会及董监高的影响力对企业价值的作用。其中，虚拟变量 $RSsend\_dum$，当关系股东向公司委派董事时取1，否则取0；连续变量 $RSsddir\_pert$，表示关联大股东委派董事占董事会的比例；连续变量 $RSsdman\_pert$，表示关联大股东委派董监高占董监高席位的比例。根据 H1a 和 H1b，关联大股东存在、持股及委派董事和董监高可能造成企业价值折损，我们预期 μ_1 为负。

模型中我们控制了公司的财务特征和治理特征（Anderson & Reeb，2003），包括：年末负债与总资产之比（Lev）、总资产的自然对数（$Size$）、年度净利润与年末总资产之比（Roa）、一年内股票价格的标准差（$Risk$）、公司设立年度起到样本年度止所历年限（Age）、家族第一大股东持股比例（Con）及其平方（Con^2）、家族第一大股东委派董监高人数占公司董监高规模的比例（$Consdman$）、第二至第十大股东中其他非关联大股东的持股比例之和（$NonRS\_pert$）及其委派董监高人数占公司董监高规模的比例（$NonRSsddir\_pert$）、董事长或CEO是否为家族成员（Fam_ceo）、机构持股比例（$Inst$）以及公司董监高年薪总额的自然对数（$Compensation$）。

参考伯克曼等（Berkman et al.，2010），我们设定模型（5.2）检验关联大股东对关联交易行为的影响。

$$Tunnel_{i,t}=\lambda_0+\lambda_1 FRS\_proxy_{i,t}+\lambda_2 Cons_{i,t}+\lambda_3 Consdman_{i,t}+\lambda_4 Fam\_ceo_{i,t}$$
$$+\lambda_5 NonRS\_pert_{i,t}+\lambda_6 NonRSsddir\_pert_{i,t}+\lambda_7 Size_{i,t}+\lambda_8 Roa_{i,t-1}$$

$$+\lambda_9 Lev_{i,t}+\lambda_{10}Age_{i,t}+\varepsilon_{i,t} \tag{5.2}$$

其中：Tunnel 表示家族上市公司的关联交易行为，分别用虚拟变量 Tunnel_dum 表示关联交易发生的概率，连续变量 Tunnel_sale 表示关联交易规模。若第 t 年内家族上市公司曾向关联方销售产品及提供劳务，Tunnel_dum 取 1，否则取 0。Tunnel_sale 等于第 t 年内向关联方销售商品及提供劳务总额除以当年的营业收入总额（Jian & Wong，2010）。稳健性检验中也以 Tunnel_asset（第 t 年内向关联方销售商品及提供劳务总额除以 t−1 年的期末总资产）为因变量。同样，测试变量 FRS_proxy 包括 RS_dum、RS_pert、RSsend_dum、RSsddir_pert 及 RSsdman_pert 5 个指标，定义同模型（5.1）。根据 H2，关联大股东存在、持股及委派董事和董监高比例与关联交易行为正相关，我们预期 λ_1 为正。控制变量包括财务指标和公司治理特征，定义同模型（5.1）。

为了检验家族关联大股东对关联交易的影响是否为其作用于家族上市公司价值的途径，我们在模型（5.1）的基础上，加入关联大股东与关联交易规模的交叉项，用以下模型进行检验：

$$Tobin's\_Q_{i,t}=\beta_0+\beta_1 Tunnel\_sale_{i,t}+\beta_2 FRS\_proxy_{i,t}+\beta_3 Tunnel\_sale_{i,t}$$
$$\times FRS\_proxy_{i,t}+\beta_3 Cons_{i,t}+\beta_4 Cons^2_{i,t}+\beta_5 Consdman_{i,t}$$
$$+\beta_6 FAM\_ceo_{i,t}+\beta_7 NonRS\_pert_{i,t}+\beta_8 NonRSsddir\_pert_{i,t}$$
$$+\beta_9 Inst_{i,t}+\beta_{10} Compensation_{i,t}+\beta_{11} Size_{i,t}+\beta_{12} Roa_{i,t}$$
$$+\beta_{13} Lev_{i,t}+\beta_{14} Growth_{i,t}+\beta_{15} Risk_{i,t}+\beta_{16} Age_{i,t}+\varepsilon_{i,t} \tag{5.3}$$

其中，因变量为 Tobin's Q，用于衡量企业价值，Tunnel_sale 表示关联交易的规模，FRS_proxy 仍然为刻画关联大股东的五个变量，以上变量定义同模型（5.1）。Tunnel_sale 的系数 β_1 用以衡量家族上市公司的关联交易行为对企业价值产生的影响，预期符号为负。Tunnel×FRS_proxy 的系数 β_3 衡量家族关联大股东的持股、委派董事和董监高是否加剧上市公司关联交易行为对公司价值的影响，预期符号为负。控制变量定义与模型（5.1）一致。

5.5 实证结果

5.5.1 描述性统计

表 5.1 描述样本的情况。在 2492 个公司—年度样本中，有 836 个存在关

联大股东，占总样本的33.55%。平均而言，以多成员持股的方式组建家族企业的公司约为所有家族上市公司的1/3。从各类关联大股东在家族企业中的分布来看，存在产权关联大股东的样本为418个，占存在关联大股东的公司—年度样本的50%；存在亲缘关联大股东的样本为172个，占存在关联大股东的公司—年度样本的20.57%；存在任职关联大股东或一致行动人股东的样本分别为41个和61个，分别占存在关联大股东的公司—年度样本的4.90%和7.30%；存在两种以上的关联大股东的公司—年度样本为144，占存在关联大股东的公司—年度样本的17.22%。

表5.1 样本描述

年度	家族企业	存在关联大股东关联大股东		控股型产权关联	非控股型产权关联	产权关联小计	亲缘关联	任职关联	一致行动人E	两类或以上F
		家数	比例（%）							
2003	266	76	28.57	31	16	47	8	8	2	11
2004	353	113	32.01	41	21	62	20	7	4	20
2005	365	120	32.88	42	23	65	19	8	7	21
2006	429	139	32.40	47	25	72	27	7	7	26
2007	512	177	34.57	57	33	90	45	6	6	30
2008	567	211	37.21	31	51	82	53	5	35	36
小计	2492	836	33.55	249	169	418	172	41	61	144
占存在关联大股东家数比例（%）				29.78	20.22	50.00	20.57	4.90	7.30	17.22

5.5.2 主要变量的均值和T检验

表5.2报告主要变量单因素分析的结果。结果显示，存在关联大股东的家族企业公司价值（*Tobin's Q*和*Indadj_Tobin's Q*）显著地低于不存在关联大股东的家族企业，均在1%水平上显著。对于关联交易的概率（*Tunnel_dum*），存在关联大股东的家族企业显著高于不存在关联大股东的家族企业，在5%水平上显著，即存在关联大股东的家族企业进行关联交易的概率显著更大，说明存在关联大股东的家族企业更可能对中小股东进行掏空。存在关联大股东家

族企业的关联销售规模（Tunnel_asset）略高于不存在关联大股东的家族企业，统计上不显著，后续模型中我们通过控制其他潜在的影响因素，进一步考察关联大股东对关联交易规模的影响。对这一结果可初步给出的解释是：外部投资者在一定程度上能够识别存在关联大股东的家族企业可能会实施更多的掏空行为，侵占中小投资者利益，因此对其股价进行折价，表现为更低的企业价值。

表 5.2 主要变量的均值和 t 检验

	所有家族企业		存在关联大股东的家族企业		不存在关联大股东的家族企业		均值差异	t 值
	均值	标准差	均值	标准差	均值	标准差		
Tobin's Q	1.597	1.028	1.531	0.898	1.631	1.086	−0.100	−2.297***
Indadj_Tobin's Q	0.287	0.791	0.225	0.685	0.318	0.838	−0.093	−2.760***
Tunnel_dum	0.614	0.487	0.645	0.490	0.599	0.478	0.046	2.214**
Tunnel_asset	0.039	0.180	0.042	0.213	0.036	0.161	0.006	0.863
Cons	0.318	0.131	0.333	0.141	0.311	0.125	0.022	4.037***
Consddir	0.272	0.186	0.252	0.182	0.283	0.187	−0.030	−3.834***
Consdman	0.170	0.121	0.157	0.119	0.177	0.122	−0.020	−3.805***
RS_dum	0.335	0.472	1.000	0.000	0.000	0.000	1.000	0.000***
RS_pert	0.042	0.081	0.124	0.097	0.000	0.000	0.124	52.34***
RSsend_dum	0.198	0.399	0.590	0.492	0.000	0.000	0.590	48.75***
RSsddir_pert	0.051	0.122	0.153	0.169	0.000	0.000	0.153	36.53***
RSsdman_pert	0.031	0.073	0.091	0.101	0.000	0.000	0.091	36.74***
Fam_ceo	0.506	0.506	0.669	0.481	0.424	0.498	0.245	11.72***
NonRS_pert	0.210	0.128	0.155	0.107	0.239	0.128	−0.084	−16.20***
NonRSsddir_pert	0.176	0.206	0.167	0.202	0.181	0.207	−0.013	−0.005
Inst	0.137	0.184	0.163	0.195	0.124	0.177	0.039	5.028***
Size	20.81	0.957	20.92	0.914	20.75	0.972	0.171	4.215***
Lev	0.605	0.936	0.548	0.328	0.635	0.393	−0.087	−2.194**
Roa	0.021	0.106	0.037	0.098	0.013	0.109	0.024	5.305***
Risk	0.907	0.558	0.931	0.540	0.895	0.566	0.036	1.460*
Compensation	13.980	0.838	14.180	0.786	13.880	0.845	0.298	8.461***
Age	7.632	4.285	5.542	4.126	8.687	3.966	−3.145	−18.43***

注：***、**、* 分别表示在 1%、5%、10% 水平上显著。

5.5.3 主要变量的相关性分析

我们对主要的因变量、解释变量和控制变量进行Pearson相关性分析。其中，是否有关联大股东（*RS_dum*），关联大股东持股比例（*RS_pert*），关联大股东是否委派董事（*RSsend_dum*）、关联大股东委派董事比例（*RSsddir_pert*）及委派董监高比例（*RSsdman_pert*）均与企业价值（*Tobin's Q*及*Indadj_Tobin's Q*）负相关，与关联交易概率（*Tunnel_dum*）及规模（*Tunnel_sale*、*Tunnel_asset*）正相关。家族关联大股东对公司价值和关联交易的作用方向与预期相一致。解释变量之间不存在严重的多重共线性。

5.5.4 多元回归分析及结果

5.5.4.1 关联大股东与企业价值

表5.3报告家族企业关联大股东的存在、持股及委派董事和董监高与企业价值的多元回归结果。列（1）～列（2）报告关联大股东的存在（*RS_dum*）和持股比例（*RS_pert*）对企业价值的影响，两者的系数是−0.104−0.752，均在1%水平上显著。存在关联大股东的家族企业，其公司价值比其他家族企业平均要低0.104；家族关联大股东持股比例上升10%，公司价值平均下降0.752。列（3）～列（5）报告家族关联大股东是否委派董事（*RSsend_dum*）、委派董事比例（*RSsddir_pert*）及委派董监高比例（*RSsdman_pert*）与企业价值的关系，三者的系数分别是−0.112、−0.312和−0.919分别在1%、5%和1%的水平上显著。说明当家族关联大股东向公司委派董事时，公司价值平均比其他无委派的家族企业要低0.112；委派董事比例上升10%，*Tobin's Q*平均下降0.312；委派董监高比例上升10%，*Tobin's Q*平均下降0.919。结果表明，家族企业中关联大股东的存在、持股及委派董事、董监高对企业价值有消极的影响，较好地支持H1a和H1b。

此外，控股股东的持股比例（*Cons*）系数为−0.345，而控股股东持股比例的平方（*Cons²*）系数为3.520，均在1%水平上显著，说明控股股东持股比例与企业价值存在显著的正U型关系。控股股东委派董监高比例（*Consdman*）为正但不显著，董事长或CEO是否为家族成员（*Fam_ceo*）为负但不显著，可能控股股东持股比例（*Cons*）已经比较充分地反映了控股股东的影响力。

机构持股比例（Inst）显著为正，说明机构投资者对企业的市场价值有积极的促进作用。

表 5.3　　　　　　　　　　家族企业关联大股东与企业价值

变量	Tobin's Q				
	（1）	（2）	（3）	（4）	（5）
Constant	11.33***	11.40***	11.29***	11.30***	11.35***
	（0.00）	（0.00）	（0.00）	（0.00）	（0.00）
RS_dum	−0.104***				
	（0.00）				
RS_pert		−0.752***			
		（0.00）			
RSsend_dum			−0.112***		
			（0.00）		
RSsddir_pert				−0.312**	
				（0.02）	
RSsdman_pert					−0.919***
					（0.00）
Cons	−3.450***	−3.278***	−3.456***	−3.480***	−3.558***
	（0.00）	（0.00）	（0.00）	（0.00）	（0.00）
$Cons^2$	3.520***	3.201***	3.556***	3.584***	3.649***
	（0.00）	（0.00）	（0.00）	（0.00）	（0.00）
Fam_ceo	−0.026	−0.020	−0.026	−0.029	−0.020
	（0.34）	（0.47）	（0.35）	（0.29）	（0.47）
Consdman	0.206	0.183	0.213*	0.217*	0.189
	（0.11）	（0.15）	（0.10）	（0.09）	（0.14）
Size	−0.532***	−0.537***	−0.533***	−0.534***	−0.538***
	（0.00）	（0.00）	（0.00）	（0.00）	（0.00）
Lev	0.606***	0.603***	0.599***	0.599***	0.602***
	（0.00）	（0.00）	（0.00）	（0.00）	（0.00）
Inst	1.682***	1.700***	1.668***	1.656***	1.671***
	（0.00）	（0.00）	（0.00）	（0.00）	（0.00）
NonRS_pert	−0.590***	−0.659***	−0.518***	−0.508***	−0.589***
	（0.00）	（0.00）	（0.00）	（0.00）	（0.00）

续表

变量	Tobin's Q				
	（1）	（2）	（3）	（4）	（5）
NonRSsddir_pert	−0.119	−0.148*	−0.140	−0.149*	−0.152*
	（0.19）	（0.10）	（0.11）	（0.09）	（0.09）
Roa	0.820***	0.844***	0.826***	0.830***	0.844***
	（0.01）	（0.01）	（0.01）	（0.01）	（0.01）
Compensation	0.087***	0.089***	0.089***	0.090***	0.095***
	（0.00）	（0.00）	（0.00）	（0.00）	（0.00）
Risk	0.012	0.011	0.010	0.011	0.009
	（0.76）	（0.77）	（0.79）	（0.78）	（0.81）
Age	0.016***	0.014**	0.016***	0.016***	0.015**
	（0.01）	（0.02）	（0.01）	（0.01）	（0.01）
Industry & Year	Yes	Yes	Yes	Yes	Yes
Observation	2269	2269	2269	2269	2269
Adj. R^2	0.531	0.532	0.531	0.530	0.533

注：（1）***、**、*分别表示在1%、5%、10%水平上显著；（2）括号为t-value。此处样本数量减少223个（2492~2269）的原因是此模型控制企业风险变量（Risk，等于1年内股票价格的标准差），上市未满1年样本被剔除。表5.6同理。

5.5.4.2 关联大股东与关联交易

表5.4和表5.5报告家族企业关联大股东的存在、持股及委派董事和董监高与关联交易发生概率及规模的多元回归结果。表5.4中我们使用Logistic回归，因变量为是否发生关联交易（Tunnel_dum）。列（1）~列（2）报告是否存在家族关联大股东（RS_dum）及家族关联大股东的持股比例（RS_pert）对家族上市公司关联交易发生概率的影响。RS_dum和RS_pert的系数分别为0.363、2.254，均在1%水平上显著，说明关联大股东的存在和持股显著提高了家族上市公司进行关联交易的概率。存在关联大股东的家族企业发生关联交易的概率平均比其他家族企业高36.3%；家族关联大股东持股比例增加10%，公司发生关联交易的可能性平均上升22.54%。列（3）~列（5）报告家族关联大股东是否委派董事（RSsend_dum）、委派董事比例（RSsddir_pert）及委派董监高比例（RSsdman_pert）与关联交易发生概率的关系。RSsend_dum、RSsddir_pert和RSsdman_pert的系数为0.383、1.629和

3.282，均在 1% 水平上显著，说明关联大股东委派董事和董监高会为家族企业的关联交易行为提供更大的支持。家族关联大股东委派董事，使公司发生关联交易的概率比其他家族企业平均要高 38.3%。委派董事比例提高 10%，关联交易发生概率提高 16.29%；委派董监高比例提高 10%，关联交易概率提高 32.82%，具有十分明显的经济显著性。

表 5.4　　　　　　　　家族企业关联大股东与关联交易概率

变量	关联交易变量				
	（1）	（2）	（3）	（4）	（5）
Constant	−10.59***	−10.99***	−10.48***	−10.74***	−10.85***
	（0.00）	（0.00）	（0.00）	（0.00）	（0.00）
RS_dum	0.363***				
	（0.00）				
RS_pert		2.254***			
		（0.00）			
RSsend_dum			0.383***		
			（0.00）		
RSsddir_pert				1.629***	
				（0.00）	
RSsdman_pert					3.282***
					（0.00）
Cons	1.416***	1.565***	1.362***	1.393***	1.468***
	（0.00）	（0.00）	（0.00）	（0.00）	（0.00）
Consdman	1.594***	1.620***	1.577***	1.670***	1.687***
	（0.00）	（0.00）	（0.00）	（0.00）	（0.00）
Fam_ceo	−0.162	−0.171*	−0.168	−0.174*	−0.181*
	（0.10）	（0.09）	（0.09）	（0.08）	（0.07）
Inst	0.310	0.270	0.318	0.321	0.320
	（0.31）	（0.38）	（0.29）	（0.29）	（0.29）
NonRS_pert	−0.518	−0.420	−0.757	−0.618	−0.491
	（0.30）	（0.42）	（0.12）	（0.20）	（0.31）
NonRSsddir_pert	0.567**	0.657**	0.622**	0.670**	0.668**
	（0.04）	（0.01）	（0.02）	（0.01）	（0.01）

续表

变量	关联交易变量				
	（1）	（2）	（3）	（4）	（5）
Size	0.468***	0.486***	0.470***	0.478***	0.481***
	（0.00）	（0.00）	（0.00）	（0.00）	（0.00）
Roa	0.408	0.343	0.391	0.348	0.315
	（0.43）	（0.51）	（0.46）	（0.51）	（0.55）
Lev	−0.393***	−0.383**	−0.364**	−0.353**	−0.371**
	（0.01）	（0.01）	（0.02）	（0.02）	（0.01）
Age	0.042***	0.045***	0.039***	0.041***	0.044***
	（0.00）	（0.00）	（0.00）	（0.00）	（0.00）
Industry & Year	Yes	Yes	Yes	Yes	Yes
Observation	2479	2479	2479	2479	2479
Pseudo. R^2	0.117	0.117	0.117	0.118	0.120

注：（1）***、**、* 分别表示在1%、5%、10%水平上显著；（2）括号为t-value。表中样本数量减少13个（2492~2479）是由于关联交易变量（Tunnel_dum）有缺失值。表5.5同理。

表5.5　　　　　　　　家族企业关联大股东与关联交易规模

变量	关联产品规模				
	（1）	（2）	（3）	（4）	（5）
Constant	−0.272***	−0.298***	−0.277***	−0.297***	−0.289***
	（0.00）	（0.00）	（0.00）	（0.00）	（0.00）
RS_dum	0.013				
	（0.17）				
RS_pert		0.136**			
		（0.02）			
RSsend_dum			0.033**		
			（0.03）		
RSsddir_pert				0.139**	
				（0.02）	
RSsdman_pert					0.191**
					（0.02）
Cons	0.073**	0.090**	0.078***	0.084***	0.083***
	（0.03）	（0.01）	（0.01）	（0.01）	（0.01）

续表

变量	关联产品规模				
	（1）	（2）	（3）	（4）	（5）
$Consdman$	0.021	0.028	0.029	0.037	0.031
	（0.52）	（0.40）	（0.33）	（0.25）	（0.32）
Fam_ceo	−0.007	−0.008	−0.009	−0.010	−0.009
	（0.38）	（0.29）	（0.20）	（0.16）	（0.18）
$Inst$	−0.026	−0.030	−0.029	−0.030	−0.028
	（0.26）	（0.19）	（0.16）	（0.15）	（0.17）
$NonRS\_pert$	0.045	0.067*	0.057	0.070*	0.063
	（0.25）	（0.10）	（0.11）	（0.07）	（0.11）
$NonRSddir\_pert$	−0.025	−0.019	−0.020	−0.015	−0.018
	（0.24）	（0.39）	（0.17）	（0.32）	（0.21）
$Size$	0.011***	0.011***	0.011***	0.011***	0.011***
	（0.00）	（0.00）	（0.00）	（0.00）	（0.00）
Roa	−0.040	−0.047	−0.044	−0.049	−0.048
	（0.36）	（0.29）	（0.40）	（0.35）	（0.35）
Lev	0.038***	0.038***	0.039*	0.040*	0.038*
	（0.00）	（0.00）	（0.08）	（0.07）	（0.09）
Age	0.001	0.002*	0.002	0.002	0.002
	（0.23）	（0.10）	（0.25）	（0.24）	（0.28）
Industry & Year	Yes	Yes	Yes	Yes	Yes
Observations	2479	2479	2478	2479	2479
Adj. R^2	0.027	0.029	0.03	0.033	0.031

注：（1）***、**、*分别表示在1%、5%、10%水平上显著；（2）括号为t-value。

控制变量方面，控股股东的持股比例（Cons）系数为1.416，在1%水平上显著；控股股东委派董监高比例（Cons）系数也为正，在1%水平上显著。由此可见，家族关联大股东与控股股东对家族上市公司关联交易发生概率的影响方向一致。非关联大股东（NonRS_pert）无法对关联交易行为产生制约作用。

表5.5报告家族关联大股东对家族上市公司关联交易规模的影响。列（1）～列（2）报告家族关联大股东的存在和持股比例对关联交易规模的影响。RS_dum

和 RS_pert 的系数是 0.013 和 0.136，后者在 5% 水平上显著，说明家族关联大股东持股扩大了公司关联交易的规模。家族关联大股东持股比例增加 10%，关联交易占总资产的比例上升 1.36%。列（3）～列（5）报告家族关联大股东是否委派董事（$RSsend\_dum$）、委派董事比例（$RSsddir\_pert$）及委派董监高比例（$RSsdman\_pert$）对关联交易规模的影响。三者的系数是 0.033、0.139 和 0.191，均在 5% 水平上显著。家族关联大股东向公司委派董事的上市公司，其关联交易占的比例比其他家族企业高 3.3%；委派董事比例上升 10%，关联交易占总资产的比例上升 1.39%；委派董监高比例上升 10%，关联交易占总资产的比例上升 1.91%。结果表明，家族关联大股东的持股、委派董事和委派董监高对董事会和高级管理人员决策产生显著影响，为家族股东与上市公司之间的关联交易提供更大的便利，H2 得到支持。从控制变量来看，控股股东的持股比例（$Cons$）系数为 0.073，在 5% 水平上显著，控股股东委派的董监高比例（$Consdman$）系数显著为正，家族关联大股东与控股股东的持股比例均与家族企业的关联交易规模正相关。

表 5.4 和表 5.5 共同说明，家族关联大股东参与持股不仅无法产生制衡，还为控股股东掏空上市公司提供了便利；家族关联大股东持股比例越大、委派董事和董监高比例越高，关联交易发生的概率及规模越大。

5.5.4.3 关联大股东、关联交易与企业价值

表 5.6 进一步报告模型（5.3）的回归结果，检验家族关联大股东与关联交易规模对家族企业价值的交互影响。第（1）列报告关联交易规模对企业价值的影响。结果显示，关联交易规模（$Tunnel\_sale$）的系数为 –1.998，且在 5% 水平上显著，说明关联交易行为确实导致企业价值折损，关联交易行为在更大程度上是基于掏空的动机，假设 H3a 得到支持。第（2）～第（6）列分别放入关联大股东的五个变量 FRS_proxy 及其与 $Tunnel\_sale$ 的交叉项。$Tunnel\_sale$ 的系数仍然保持显著为负。第（2）和第（4）列显示，$FRS\_proxy*Tunnel\_sale$ 交叉项的系数 β_3 方向为负但在统计上不显著；而在第（3）、第（5）和第（6）列中，β_3 方向为负并且均在 10% 水平上显著，说明随着家族关联大股东持股比例、委派董事比例和委派董监高比例的上升，关联交易规模对企业价值的损害程度越严重。结果表明，关联大股东结构的复杂性为关联交易行为带来

隐秘性的同时加剧了信息不对称,投资者对公司价值进行了更大程度的折价。H3b 得到支持。

表 5.6 关联大股东、关联交易与企业价值

变量	Tobin's Q					
	(1)	(2)	(3)	(4)	(5)	(6)
Constant	10.79***	10.86***	10.90***	10.84***	10.84***	20.29***
	(0.00)	(0.00)	(0.00)	(0.00)	(0.00)	(0.00)
Tunnel_sale	−1.998**	−1.864*	−1.346	−1.496	−1.436	−2.633
	(0.01)	(0.06)	(0.15)	(0.11)	(0.11)	(0.18)
RS_dum		−0.0873*				
		(0.09)				
RS_dumxTunnel_sale		−0.185				
		(0.90)				
RS_pert			−0.468			
			(0.21)			
RS_pertxTunnel_sale			−14.18*			
			(0.08)			
RSsend_dum				−0.0768		
				(0.19)		
RSsend_dumxTunnel_sale				−1.929		
				(0.19)		
RSsddir_pert					−0.165	
					(0.38)	
RSsddir_pertxTunnel_sale					−8.565*	
					(0.05)	
RSsdman_pert						−0.124
						(0.85)
RSsdman_pertxTunnel_sale						−28.15*
						(0.06)
Cons	−3.269**	−3.283**	−3.144**	−3.314**	−3.361**	−3.397**
	(0.00)	(0.00)	(0.00)	(0.00)	(0.00)	(0.03)

续表

变量	Tobin's Q					
	（1）	（2）	（3）	（4）	（5）	（6）
Conssq	3.404**	3.369**	3.109**	3.442**	3.509**	5.694**
	（0.00）	（0.00）	（0.00）	（0.00）	（0.00）	（0.01）
Fam_ceo	−0.0436	−0.0303	−0.0275	−0.0314	−0.0354	−0.0785
	（0.23）	（0.40）	（0.45）	（0.38）	（0.33）	（0.27）
Consdman	0.324**	0.270*	0.259	0.274*	0.281*	−0.0220
	（0.05）	（0.10）	（0.11）	（0.10）	（0.09）	（0.95）
Size	−0.523**	−0.526**	−0.530**	−0.527**	−0.528**	−1.103**
	（0.00）	（0.00）	（0.00）	（0.00）	（0.00）	（0.00）
Leverage	0.615**	0.615**	0.614**	0.609**	0.610**	1.606**
	（0.00）	（0.00）	（0.00）	（0.00）	（0.00）	（0.00）
Inst	1.611**	1.659**	1.662**	1.649**	1.630**	2.524**
	（0.00）	（0.00）	（0.00）	（0.00）	（0.00）	（0.00）
NonRS_pert	−0.297	−0.464**	−0.515**	−0.406*	−0.384*	0.805*
	（0.16）	（0.04）	（0.03）	（0.06）	（0.08）	（0.08）
NonRSsddir_pert	−0.323*	−0.296*	−0.339*	−0.313*	−0.331*	−0.427
	（0.06）	（0.09）	（0.05）	（0.07）	（0.05）	（0.22）
Roa	0.922**	0.925**	0.943**	0.930**	0.931**	2.354**
	（0.01）	（0.01）	（0.00）	（0.01）	（0.01）	（0.00）
Compensation	0.104**	0.109**	0.111**	0.110**	0.111**	0.254**
	（0.00）	（0.00）	（0.00）	（0.00）	（0.00）	（0.00）
Risk	−0.00241	−0.00017	−0.00017	−0.00041	−0.00038	−0.0641
	（0.96）	（1.00）	（1.00）	（0.99）	（0.99）	（0.45）
Age	0.0585*	0.0553*	0.0475	0.0554*	0.0564*	0.00379
	（0.05）	（0.07）	（0.12）	（0.07）	（0.06）	（0.95）
Industry & Year	Yes	Yes	Yes	Yes	Yes	Yes
Observations	2298	2298	2298	2298	2298	2298
Adj. R^2	0.521	0.522	0.522	0.522	0.521	0.539

注：（1）***、**、* 分别表示在1%、5%、10%水平上显著；（2）括号为t-value。

5.6 内生性问题与稳健性检验

5.6.1 内生性问题

公司治理文献提出，股权结构与治理结构可能是由公司所在的契约环境所内生地决定的，是公司价值最大化的一种选择。外部制度环境是影响企业股权结构形成的重要因素。在经济比较不发达地区，外部融资较难，家族企业可能通过多个关联大股东共同持股，形成企业集团构造内部融资市场，从而降低其融资成本、提高融资的及时性和便利性（Almeida & Wolfenzon，2006）。阿米特等（2010）指出，家族企业的股权结构是控制性家族基于外部制度环境所做的最优选择，地区发展水平越弱的地方，家族越容易对企业形成超额控制。按照这一思路，地区发展水平越低的地方，家族企业可能更容易形成多个关联大股东持股的局面。我们采用世界银行（2006）年发布的中国30个省份的投资环境排序，将其分为东南、渤海、中部、东北、西南和西北。我们使用地区制度效率（Institutional efficiency）表示影响家族企业是否形成关联大股东的变量。另外，企业上市的方式（Listway）也是影响关联大股东形成的重要因素，采用直接上市的家族企业一般希望尽可能地保持其原有比较紧密的持股结构，即由多个家族成员控制并形成多个关联大股东持股，以保持上市公司的绝大部分股权掌握在家族手中；而买壳上市迫于资金压力以及收购方式，往往只能先收购控股股东以获得壳资源。因而，在第一阶段回归中我们用地区制度效率（Institutional efficiency）和上市方式（Listway）估计家族关联大股东形成的概率。在第二阶段回归结果中可以看到关联大股东的存在及持股、关联大股东是否委派董事、委派董事比例及委派董监高比例是否会继续对企业价值、关联交易产生影响。

表5.7的A栏中展示家族关联大股东与企业价值的两阶段回归。在第一阶段回归中，家族关联大股东的存在（RS_dum）、持股比例（RS_pert）、委派董事概率（RSsend_dum）、委派董事比例（RSsddir_pert）以及委派董监高比例（RSsdman_pert）与地区制度效率（Institutional efficiency）负相关，在5%

水平上显著；与上市方式（Listway）正相关，在1%水平上显著。结果显示，地区发展程度越高的地方，越容易形成关联大股东，并且关联大股东会委派越多的董事和董监高。这个结果与传统的法律、环境与金融发展的文献有所违背，但根据艾伦等（Allen et al., 2005）的研究，由于中国整体法制、金融环境的不发达，声誉、关系等非正式制度反而成为正式制度的替代，成为促进经济快速发展的主要机制。采用直接上市方式的家族企业也更容易形成关联大股东并委派更多的董事和董监高。而在第二阶段回归中，关联大股东的存在（RS_dum）、持股比例（RS_pert）、委派董事（RSsend_dum）、委派董事比例（RSsddir_pert）及委派董监高比例（RSsdman_pert）与企业价值（Tobin's Q）均为负相关，在1%水平上显著。结果表明，在调整股权结构和公司治理结构的潜在内生性以后，家族关联大股东对家族上市公司价值的负面作用依然存在。

表5.7 内生性检验

A栏：关联大股东与企业价值						
	Variables	Rs_dum	RS_pert	RSsend_dum	RSsddir_pert	RSsdman_pert
第一阶段	Institutional-efficiency	−0.019* (0.037)	−0.002 (0.166)	−0.016** (0.018)	−0.003 (0.118)	−0.002 (0.249)
	Listway	0.333* (0.000)	0.047* (0.000)	0.265*** (0.000)	0.064*** (0.000)	0.040*** (0.000)
第二阶段	Tobin's Q	−0.517* (0.000)	−3.795* (0.000)	−0.701* (0.000)	−0.187** (0.000)	−4.941*** (0.000)
	R^2	0.308	0.301	0299	0.278	0.279
	Observations	2269	2269	2269	2269	2269
B栏：关联大股东与关联交易						
	Variables	Rs_dum	RS_pert	RSsend_dum	RSsddir_pert	RSsdman_pert
第一阶段	Institutional-efficiency	−0.022* (0.000)	−0.003* (0.000)	−0.021** (0.000)	−0.005*** (0.000)	−0.003*** (0.000)
	Listway	0.355* (0.000)	0.056* (0.000)	0.269*** (0.000)	0.072*** (0.000)	0.041*** (0.000)

续表

B栏：关联大股东与关联交易

	Variables	Rs_dum	RS_pert	RSsend_dum	RSsddir_pert	RSsdman_pert
第二阶段	Tunnel_dum	0.115* （0.000）	0.763* （0.037）	0.140* （0.056）	0.555** （0.045）	1.004** （0.041）
	R^2	0.045	0.042	0.051	0.049	0.055
	Tunnel_sale	0.002 （0.554）	0.015 （0.557）	0.003 （0.552）	0.011 （0.553）	0.020 （0.552）
	R^2	0.019	0.020	0.023	0.023	0.024
	Observations	2492	2492	2492	2492	2492

注：（1）***、**、*分别表示在1%、5%、10%水平上显著；（2）括号为t-value。

B栏展示家族关联大股东与上市公司关联交易的两阶段回归。第一阶段结果与A栏相似，地区制度效率（Institutional efficiency）与家族关联大股东各个变量之间显著为负，上市方式（Listway）则与家族关联大股东各个变量之间显著为正。在第二阶段回归中，家族关联大股东的存在（RS_dum）、持股比例（RS_pert）、委派董事比例（RSsddir_pert）以及委派董监高比例（RSsdman_pert）与关联交易的概率（Tunnel_dum）显著为正，在5%水平上显著；与关联交易规模（Tunnel_sale）之间关系为正，统计上不显著。控制内生性以后，家族关联大股东加剧公司关联交易行为的结果仍基本得到支持。

5.6.2 稳健性检验

首先，我们使用其他替代指标来衡量因变量和测试变量，重新估计模型（5.1）、模型（5.2）和模型（5.3）。在企业价值模型中，为避免行业特征对Tobin's Q的影响，我们使用同年度同行业的中位数对Tobin's Q进行调整，依然发现关联大股东的存在与持股、委派董事和董监高与企业价值负相关。另外，我们使用BHAR对Tobin's Q进行替代，得出较为一致的结论。在关联交易模型中，使用t–1期年末总资产调整第t年内向关联方销售商品及提供劳务总额，重新衡量关联交易的规模和估计模型（5.2），结论较为一致；使用关联方资金往来替代关联交易的规模，依然得到关联大股东的存在、持股和委派董事、董监高比例与家族上市公司的掏空规模正相关。在控制变量上，除了控制第一大股东的委派董监高比例，另使用第一大股东的委派董事比例作为替代变量重复前面的回归，结论基本一致。

其次，我们剔除了上市当年及上市后两年的样本，重新检验关联大股东对企业价值的影响。由于公司存在上市前盈余管理及上市后的盈余反转现象（Aharony et al., 2000），并且公司也存在择机上市（Baker et al., 2002）和上市后三年股价下滑的现象（Ritter, 1991）。在企业价值模型中，剔除了上市当年和上市后下一年的样本，所有变量的方向和显著性均与主回归保持一致。因此，即便剔除了上市前后企业的盈余管理及择机上市问题，仍然可以发现：关联大股东的存在、持股以及委派董事和董监高比例的高低均与企业价值负相关。

最后，我们剔除了财务困境的公司年度样本，重新检验家族关联大股东对企业价值、关联交易的影响。财务困境公司可能会存在更多的关联交易，以试图改变其财务状况，或者通过兼并重组等改变其财务困境，导致企业的关联交易及企业价值出现异常。剔除财务状况异常的公司年度样本后（ST 和 PT 公司），检验结果与之前的结论基本保持一致。在企业价值模型中和关联交易的 Logistic 模型中，家族关联大股东的五个替代变量均保持其原有的方向及显著性。在关联交易的 OLS 模型中，关联大股东的存在（*RS_dum*）及持股比例（*RS_pert*）系数为正，但不显著；是否委派董事（*Rsenddum*）、委派董事比例（*Rsenddir_pert*）及委派董监高比例（*Rsendman_pert*）系数仍保持显著为正。结果显示上述所得结论较为稳健。

5.7　总结与讨论

本章关注中国家族企业中家族关联大股东的治理角色，研究家族企业中家族式管理的程度是否加剧家族股东与中小股东之间的代理冲突。以 2003~2008 年中国家族上市公司为样本，我们识别出家族控股股东的关联大股东在公司股权和决策管理团队中的地位，考察其对公司价值的影响，并进一步探讨其引起公司价值变化的途径，即关联交易的变化及其与关联交易的交互作用对公司价值的影响。我们发现：（1）家族关联大股东持股越多、委派董事和董监高比例越高，公司价值折损越严重；（2）家族关联大股东持股越多、委派董事和董监高比例越高，家族上市公司的关联交易行为越严重；（3）家族企业的关联交易行为与公司价值负相关，而家族关联大股东的持股、委派董事和委派董监高进一步加剧了关联交易对公司价值的损害效应。

区别于以往关注金字塔结构、两权分离度、系族企业等上层股权结构的文献，本章从家族企业最根本的特征——家族式的产权安排和决策管理结构，为家族企业中第二类代理问题提供新的解释。有别于大多数文献把家族成员视为一个整体来研究的做法，本章关注家族控股股东的关系股东，从利益分配的角度研究其权力特征所带来的经济后果。不同于一般研究股东制衡的文献，我们关注关联大股东与家族控股股东的关系，以及这种关系对股东制衡或合谋产生的影响。我们的研究发现家族关联大股东在中国普遍存在，并对公司治理产生不良后果，说明中国的家族企业要进一步成长、壮大和提升公司价值，就必须逐步摒弃家族式管理和进行制度转型。因家族式的股权和管理安排可能加剧掏空性的关联交易、损害中小投资者利益，建议监管部门就相关制度的安排和设计进行更为科学和合理的改进。

本章主要参考文献

［1］陈晓、王琨："关联交易、公司治理与国有股改革"，载于《经济研究》，2005年第4期。

［2］樊纲、王小鲁、朱恒鹏：《中国市场化指数——各地区市场化相对进程报告（2006）》，经济科学出版社2007年版。

［3］高雷、何少华、黄志忠："公司治理与掏空"，载于《经济学（季刊）》，2006年第3期。

［4］洪剑峭、薛皓："股权制衡对关联交易规模和关联销售的持续性影响"，载于《南开管理评论》，2008年第1期。

［5］连燕玲、贺小刚、张远飞："家族权威配置机理与功效——来自我国家族上市公司的经验证据"，载于《管理世界》，2011年第11期。

［6］刘启亮、李增泉、姚易伟："投资者保护、控制权私利与金字塔结构——以格林柯尔为例"，载于《管理世界》，2008年第12期。

［7］刘星、刘伟："监督，抑或共谋——我国上市公司股权结构与公司价值的关系研究"，载于《会计研究》，2007年第6期。

［8］吕长江、肖成民："民营上市公司所有权安排与掏空行为——基于阳光集团的案例研究"，载于《管理世界》，2006年第10期。

[9] 马金城、王磊："系族控制人掏空与支持上市公司的博弈——基于复星系的案例研究"，载于《管理世界》，2009年第12期。

[10] 魏明海、程敏英、郑国坚："从股权结构到股东关系"，载于《会计研究》，2011年第1期。

[11] Aharony, J., C. J. Lee, and T. J. Wong, 2000, "Financial Packaging of IPO Firms in China", Journal of Accounting Research, 38, pp.103–126.

[12] Almeida, H. and D. Wolfenzon, 2006, "A Theory of Pyramidal Ownership and Family Business Groups", Journal of Finance, 61, pp 2637–2680.

[13] Amit R., Y. Ding, B. Villalonga and H. Zhang, 2010, "The Role of Insititutional Development in the Prevalence and Value of Family Firms", Working paper.

[14] Anderson, R. and D. Reeb, 2003, "Founding-family Ownership and Firm Performance: Evidence from the S&P 500", Journal of Finance, 58, pp. 1301–1328.

[15] Anderson, R. and Reeb, D., 2004, "Board composition: balancing family influence in S&P500 firms", Administrative Sciences Quarterly, 49, pp. 209–237.

[16] Attig, N., O. Guedhami and D. Mishra, 2008, "Multiple Large Shareholders, Control Contests, and Implied Cost of Equity", Journal of Corporate Finance,14, pp. 721–737.

[17] Baker, M. and J. Wurgler, 2002, "Market Timing and Capital Structure", Journal of Finance, 57, pp.1–32.

[18] Bennedsen, M. and D. Wolfenzon, 2000, "The Balance of Power in Closely Held Corporations", Journal of Financial Economics, 58, pp. 113–139.

[19] Berkman, H., C. Rebel and J. Fu, 2010, "Political Connections and Minority- Shareholder Protection: Evidence from Securites-Market Regulation in China", Journal of Financial and Quantitative Analysis, 45, pp. 1391–1417.

[20] Bertrand M., P. Mehta, and S. Mullainathan, 2002, "Ferreting out Tunneling: An Application to Indian Business Groups", Quarterly Journal of Economics, 117, pp. 121–148.

[21] Bloch, F. and U. Hege, 2001, "Multiple Shareholders and Control Contests", Unpublished manuscript.

[22] Bunkanwanicha, P., J. P.H. Fan and Y. Wiwattanakantang, 2008, "Why Do Shareholders Value Marriage", Working Paper.

[23] Burkart, M., F. Panunzi and A. Shleifer, 2003, "Family Firms", Journal of Finance, 58, pp. 2167–2202.

[24] Cheung, Y., Rau, P.R., Stouraitis, A., 2006, "Tunneling, propping and expropriation: evidence from conneted party transactions in Hong Kong", Journal of Financial Economics, 82, pp. 343–386.

[25] Claessens S., S. Djankov, and L. H. P. Lang, 2000, "The Separation of Ownership and Control in East Asian Corporation", Journal of Financial Economics, 58, pp.81–112.

[26] Faccio, M. and L. H.P. Lang, 2002, "The Ultimate Ownership of Western European Corporations", Journal of Financial Economics 65, pp. 365–395.

[27] Jian, M. and T.J. Wong, 2010, "Propping Through Related Party Transactions", Review of Accounting Studies, 15, pp.70–105.

[28] Johnson, S., R. La Porta, F. Lopez-de-Silanes and A. Shleifer, 2000, "Tunnelling", American Economic Review, 90, pp.22–27.

[29] La Porta, R., F. Lopez-de-Silanes and A. Shleifer, 1999, "Corporate Ownership Around the World", Journal of Finance, 54, pp. 471–517.

[30] Laeven, L., and R. Levine. 2008. "Complex ownership structures and corporate valuations", Review of Financial Studies, 21, pp. 579–604.

[31] Maury, B. and A. Pajuste, 2005, "Multiple Controlling Shareholders and Firm Value", Journal of Banking and Finance, 29, pp. 1813–1834.

[32] Prencipe, A. and S. Bar-Yosef, 2011, "Corporate Governance and Earning Management in Family-Controlled Companies", Journal of Accounting, Auditing and Finance, 26, pp. 199–227.

[33] Ritter, J. R., 1991, "The Long-run Performance of Initial Public Offerings", Journal of Finance, 46, pp. 3–27.

[34] Villalonga, B. and R. Amit, 2009, "How are U.S. Family Firms Controlled", Review of Financial Studies, 22, pp. 3047–3091.

[35] Wei, Z., S. Wu, C. Li and W. Chen, 2011, "Family Control, Institutional

Environment and Cash Dividend Policy: Evidence from China", China Journal of Accounting Research, 4, pp. 29–46.

[36] Zwiebel, J., 1995, "Block Investment and Partial Benefits of Corporate Control", Review of Economic Studies 62, pp. 161–185.

第 6 章
国有上市公司分类治理研究[①]

6.1 引言

自党的十一届三中全会确立以经济建设为中心以来，国有企业改革一直处于我国经济改革的主要方面。纵观国企改革的历程，早期的改革实践为现阶段深化国企改革，尤其是以混合所有制为主的国企分类改革奠定了基础。1978~1984年，政府对国企实施了"放权让利"等扩大企业自主权的一系列改革，成为国企市场化改革的突破口。1992年开始的国企股份制改造则为明晰产权、引进其他非国有资本和发展混合所有制提供了条件。1993年，党的十四届三中全会首次提出"混合所有制"概念并明确了建立现代企业制度的改革方向。由于股份制改造增强了国有资本的流动性，国企改革进入战略性改组阶段。1999年，党的十五届四中全会提出从战略上调整国有经济布局和结构的改革方向。2003年的十六届三中全会则提出进一步推动国有资本更多地投向关系国家安全与国民经济命脉的重要行业和关键领域，增强国有经济的控制力。2007年，党的十七大提出，要深化国有企业公司制、股份制改革，优化国有经济布局和结构，国有企业通过联合、兼并、改组等多种方式逐步向关系国民经济命脉的重要行业和关键领域集中，而在一般竞争性行业中则逐步退出。通过改革，国有经济总体上从计划经济体制逐步转型为社会主义市场经济体制，大部分国有企业的经营绩效得到了改善，并初步建立起现代企业制度。

[①] 本章主要根据魏明海、蔡贵龙、柳建华发表于《中山大学学报》（社会科学版，2017年第4期）的论文"中国国有上市公司分类治理研究"整理而成。

虽然混合所有制很早就已提出，但其在国企中却未能得到有效的发展。截至2012年底，在公司制国有企业中，仍有将近47%的国有资产属于国有独资的组织形式①。虽然国家对国有经济的产业布局进行了战略性调整，但在竞争性行业中仍存在数目众多的国有企业，接近一半的国有企业资产仍分布在非基础性行业和非支柱产业中。由于国企发展过程中经常面临"公益性使命"和"盈利性使命"的冲突，国企难以摆脱政府部门的行政干预和控制，导致市场化的人才选聘制度、高管激励约束制度和董事会建设等企业治理结构仍很不规范。2011年，"十二五"规划纲要提出要探索实行公益性和竞争性国有企业的分类管理目标。2013年，党的十八届三中全会通过的《中共中央关于全面深化改革若干重大问题的决定》，首次提出应当"准确界定不同国有企业功能"，分类推进国企改革。2015年12月，国务院国资委、财政部、国家发改委联合发布《关于国有企业功能界定与分类的指导意见》，标志着国企分类改革顶层设计方案正式出台，国有企业进入了分类监管和治理的新时期。

国企分类改革的出发点在于对国有企业功能的科学定位。西方学者大多认为国有企业的组织目标与私有企业有着本质的区别，国有企业不能成为像私有企业那样仅仅追求经济目标的组织，其首要目标是满足政府的非经济目标，即提供公共品、控制关键行业或者是出于政府管制的其他需要（弥补市场失灵功能）。在我国，国有企业的功能目标显得更加复杂。除了承担弥补市场失灵功能之外，一方面，国有企业的形成是国家行为的产物，处于后发国家的中国为了实行"赶超"战略，需要建立以完成战略规划任务为目标的国有企业来干预和参与国家经济发展，国有企业承担着"实现中华民族伟大复兴"的使命（即经济赶超功能）；另一方面，作为转轨经济国家，国有企业还承担着培育市场主体功能的使命，国有企业要积极追求盈利性，保证国有资产的保值增值。

国有企业承担的多重国家使命使得其在发展过程中常常面临经济目标与非经济目标的冲突。科尔内（Kornai，1979）提出了国有企业的预算软约束问题。由于国有企业承担了过多的政策性负担，在信息不对称的情况下，政府难以区分企业亏损是由国企高管的道德风险造成的还是政策性负担造成的，因此

---

① 数据来源于由国务院国有资产监督管理委员会编制的《中国国有资产监督管理年鉴》（2013）。

政府只能保护和补贴亏损企业，为其再融资等。这进一步加剧了国企高管的道德风险，造成了国有企业严重的委托代理问题，以及国有企业的效率低下。因此，准确界定和区分不同国有企业的功能目标，进行相应的分类监管和治理不仅必要而且合理。尽管我国国资管理部门、相关研究机构和学者已经对国企分类改革进行了积极的探索，并取得了一定的研究成果，但国企分类改革的研究仍在很大程度上停留于理论探讨阶段且缺乏大样本的实证研究。我们将尝试通过大样本的实证检验，对我国国企分类治理的现状进行研究，分析其存在的问题并做出初步评价。我们期望通过此研究，能够为我国国企分类改革提供一定的经验证据，并为政策制订和全面深化改革提供参考。

6.2 文献回顾与研究问题

6.2.1 文献回顾

早在1998年，以杨瑞龙为带头人的课题组发表了《国有企业的分类改革战略》，率先对国企分类改革进行了探索。杨瑞龙等（1998）认为，应该根据国企提供的产品性质及所处行业的差别，将国企分为竞争性和非竞争性企业，非竞争性企业又可分为提供公共产品的企业和从事基础工业、基础设施的垄断性企业两小类。不同类型的国企应该采用不同的改革战略。张政军和王怀宇（2009）提出，国资委应该按照企业的经济属性、股权多元化程度和资产状况三个维度对国企进行分类监管。罗新宇（2014）在总结国内外国企分类的经验和研究成果的基础上，构建了国企分类的"CFP三维分类"模型，即从国有企业的资本来源与构成（Capital）、功能定位与核心目标（Function）以及产品定价（Price）三个维度对国企进行分类，并根据不同类型的国企实施差异化的监管和治理策略。

以上学者均是从理论上对国企分类进行探讨。值得关注的是，黄群慧和余菁（2013）则首次尝试将国资委管辖的115家中央企业根据其基本情况进行分类并给出相应的改革建议。高明华等（2014）以"国有企业分类改革和分类治理"为基本思路，通过对7家国有企业进行调研，总结国有企业分类治理的现状和存在的问题。该研究认可了国企分类的必要性和合理性，但同时发现不同类型国企的公司治理机制还没有因"类"制宜。总的来说,越来越多的学者支持分类改革的观点,认为国有企业应根据企业使命、定位和目标的不同,确定差异化的国有企业监管和治理思路。

由于西方国家通常采用国企私有化的方式解决国企效率低下的问题,其文献更多地探讨私有化的影响,而对国企分类改革的研究很少。然而,从世界范围来看,对国有资产管理较好的国家或地区,一般都对国有企业实施分类管理。温孝善(Whincop,2010)介绍了澳大利亚政府公司的双重管理体制,包括公司制政府企业(company GC)和法定政府公司(statutory GC),前者是完全商业化的,它们被要求进入市场,参与市场竞争;而后者则是难以在竞争性市场生存的,几乎没有商业化的政府企业,并且两种政府公司受到的规制和约束也存在差别。相比于国外研究,由于国有企业在中国经济发展中始终扮演着重要的角色,中国学者对国企分类改革取得了相对丰富的研究成果。

应当指出,国企分类改革的已有研究也存在以下明显的不足:第一,国企改革的基础在于对改革现状的把握。只有摸清国企分类改革的现状及其存在的问题,才能"对症下药",制定出有效的国企改革的政策。目前还没有研究系统地分析国企分类改革的现状及存在的问题,国企分类改革研究的匮乏远远落后于中国在新时期全面深化国企改革的步伐,无法形成丰富的国企分类改革研究指导国企改革实践,这将阻碍和延缓国企分类改革的进程。第二,当前国企分类改革的研究主要以理论探讨为主,缺乏大样本的经验证据。因此,从大样本的角度,实证研究国企分类改革的现状、问题和后果显得十分紧迫和必要。

6.2.2 研究问题

国企改革的核心问题是处理好企业与政府和与市场的关系。长期以来,政企不分、政府干预等问题一直是国企治理的"顽疾",不仅使得公司治理结构难以得到有效改善,而且对企业价值产生了负面的影响。从我国国企的治理实践来看,政企不分具体表现为以下两个方面:第一,"一股独大"的股权结构。政府常常通过绝对控股国有企业达到对其控制的目的,国有企业无法形成有效制衡的股权结构和公司控制权市场。第二,行政化的高管选聘制度。通过行政考核和任命国企高管,国有企业的实质控制权牢牢掌握在政府手中。由于国企产权主体的严重缺位和高管的薪酬管制,政企不分导致了国有企业另一个广受诟病的问题，即国企高管缺乏有效的监督和足够的激励。因此，政企分开、政资分开和推进市场化成为新时期国企改革的核心目标。由于我国国企承担着多重国家使命，国企经济目标和非经济目标的冲突要求国企改革必须突破过去"一刀切"的认知观念，国企监管和治理应该分类实施。鉴于此，我们将通过大样本实证检验，从国企股权结构、高层治理结构和激励机制三个维度出发，系统地研究国企分类治理的现状及其存在的问题，并做出初步的评价。

功能定位不同的国企应在企业股权结构、高层治理结构和激励机制等公司治理机制中表现出差异。目前国资委将国有资本分为商业类和公益类，其中商业类进一步分为商业竞争类和特定功能类[①]。理论上，不同类型国有企业的功能定位和相应公司治理机制归纳如表6.1所示。总的来说，按照市场化治理程度高低排序为：商业竞争类＞特定功能类＞公益类；相应的股权（政府）控制力度高低排序为：公益类＞特定功能类＞商业竞争类。因此，具体研究的问题为：（1）功能定位不同的国企，其公司治理是否存在如表6.1所示的差异性？这些治理差异是否满足国企分类监管和分类治理的要求？（2）不同层级政府控制的国有上市公司，在推进分类改革的进程中可能存在的差异。本章进一步将国有企业区分为央企、省属国企和其他国企，分别对其分类治理的现状进行研究；（3）随着分类改革的提出及其分类推进，国企分类治理的差异性特征是否会随着时间的推移而呈现出一定的时间趋势？

表 6.1　　　　　　　　　国企功能定位与分类治理

	功能定位	股权结构	高层治理结构	激励机制
商业竞争类	自主经营、自负盈亏，追求盈利实现国有资产保值增值	国有相对控股或者参股；股权相对多元化；股权制衡作用明显	市场化的人才选聘制度；高管由职业经理人构成；董事会以外部董事为主	参照市场标准制定高管薪酬，取消行政级别；实行股权激励和员工持股计划
特定功能类	追求经济效益，巩固社会主义基本经济制度和在国民经济中发挥主导作用	国有绝对控股；股权有限多元化；存在一定的股权制衡作用	关键职位由政府任命，其他职位实施市场化选聘制度；外部董事比例较高	按照任命来源不同实行差异化的高管薪酬；高管薪酬与业绩挂钩；薪酬差距较低

---

① 按照国资委的说法，商业竞争类和特定功能类企业均以经济效益为导向，因此商业竞争类和特定功能类也分别叫作商业一类和商业二类。具体可参考经济观察网："央企分类方案终极版：三类变两类"，http://www.eeo.com.cn/2014/1217/270256.shtml。

	功能定位	股权结构	高层治理结构	激励机制
公益类	弥补市场缺陷，保障民生和社会效益、提供公共产品和服务	国有独资	高管由上级组织任命，并参照公务员制度管理	高管薪酬参照同级别党政官员；高管薪酬与员工薪酬差距较小

注：此表由作者根据黄群慧和余菁（2013）、社科院工经所课题组（2014）、杨瑞龙（2013）以及国资委发布的相关新闻报道归纳整理而成。

6.3 样本、变量与描述性统计

6.3.1 样本和变量定义

为了对国企分类治理进行研究，本章选取上市的国有企业作为研究的对象。原因主要在于，国有上市公司接受政府改革的力度较大，其分类改革走在国企的前列。针对国有上市公司分类治理现状的研究有助于把握国有企业分类改革发展的基本线索。此外，国有上市公司的信息披露比较详细且可靠，方便我们更加细致地对国企分类治理进行分析。本章的研究期间选取2008~2013年。由于股权分置改革在2007年底才基本完成，在此之前，国有股难以流通导致国有股"一股独大"的现象十分严重，以2008年为研究起点能更有效地捕捉国企分类治理的现状。

以下将对主要的研究变量进行说明。

6.3.1.1 国有上市公司的分类变量

按照前面的介绍，目前主流的观点将国有企业划分为商业竞争类、特定功能类和公益类三类企业。由于国有上市公司属于公众公司，追求盈利性是其主要经营目标，再加上国有上市公司一般属于国有集团下层企业，政府对其改革和放权的意愿较强烈，这些特征均不符合公益类国企的定位，因此，国有上市公司主要包括商业竞争类和特定功能类国企。我们构造了国企分类哑变量（FENLEI），当国有上市公司属于特定功能类国企时赋值为1，属于商业竞争类国企时赋值为0。具体做法如下：（1）我们先根据行业对国有上市公司进行初步的功能定位。竞争类国有企业主要参照岳希明等（2010）和魏峰等（2012）确定的竞争性行业标准；特定功能类企业主要包括：①涉及国家经济安全和主导国民经济命脉的行业，如军工、电网电力、石油石化、电信、煤炭、民航和航运等[1]；②肩负改善民生和保障城市安全等功能的国有企业，如供水、供气、供热、电力、通信、公共交通、物流配送、防灾避险等国有企业[2]。（2）根据wind数据库提供的上市公司经营范围和年报董事会报告中关于企业经营情况的介绍，结合步骤（1）对不同类型国企的定义，逐一判断上市公司的功能定位。（3）对于剩下的国有上市公司，由于其功能定位比较模糊，我们在分析过程将其剔除，在稳健性分析时再将其加入商业竞争类国企（由于金融行业比较特殊，本研究将其剔除）。具体分类结果如表6.2所示。

表6.2　　　　　　　　　　　上市国有企业的分类

行业代码	行业名称
	商业竞争类国企
A01–05	农、林、牧、渔业
B10–12	10.非金属矿采选业；11.开采辅助活动；12.其他采矿业
C13–15、17–24、26–30、33、35、39–43	13.农副食品加工业；14.食品制造业；15.酒、饮料和精制茶制造业；17.纺织业；18.纺织服装、服饰业；19.皮革、毛皮、羽毛及其制品和制鞋业；20.木材加工及木、竹、藤、棕、草制品业；21.家具制造业；22.造纸及纸制品业；23.印刷和记录媒介复制业；24.文教体育用品制造业；26.化学原料和化学制品制造业；27.医药制造业；28.化学纤维制造业；29.橡胶和塑料制品业；30.非金属矿物制品业；33.金属制品业；35.专用设备制造业；39.计算机、通信和其他电子设备制造业；40.仪器仪表制造业；41.仪器仪表及文化、办公用机械制造业；42.工艺品及其他制造业；43.废弃资源和废旧材料回收加工业
E47、49–50	47.房屋建筑业；49.建筑安装业；50.建筑装饰和其他建筑业
F	批发和零售业
H	住宿和餐饮业
K	房地产业
L	租赁和商务服务业
O	居民服务、修理和其他服务业
R88–89	88.体育；89.娱乐业

---

[1] 2006年，国资委发布的《关于推进国有资本调整和国有企业重组的指导意见》明确指出，国有经济应对关系国家安全和国民经济命脉的重要行业和关键领域保持绝对控制力，包括军工、电网电力、石油石化、电信、煤炭、民航、航运七大行业。其中，军工类国企主要根据wind数据库中的军工概念股确定。

[2] 社科院工经所课题组（2014）指出：电力、电信、民航、石油天然气、邮政、铁路、市政公共事业等行业大部分属于特定功能类企业。

续表

行业代码	行业名称
	特定功能类国企
B06-09	06. 煤炭开采和洗选业；07. 石油和天然气开采业；08. 黑色金属矿采选业；09. 有色金属矿采选业
C16、25、31-32、37	16. 烟草制品业；25. 石油加工、炼焦和核燃料加工业；31. 黑色金属冶炼和压延加工业；32. 有色金属冶炼和压延加工业；37. 铁路、船舶、航空航天和其他运输设备制造业
D	电力、热力、燃气及水生产和供应业
E48	48. 土木工程建筑业
G	交通运输、仓储和邮政业
I63	电信、广播电视和卫星传输服务
N	水利、环境和公共设施管理业
P	教育
Q	卫生和社会工作

注：（1）行业的分类采用2012年修订的《上市公司行业分类指引》；（2）本表所示分类结果只是根据行业进行的分类，实际操作中还逐一对每一家国企的具体经营范围和项目进行核对，如果商业竞争类国企中的主营业务符合特定功能类的功能定位时，则将其划分到特定功能类。

6.3.1.2 国企分类治理变量

公司治理主要涉及股权结构、高层治理结构和激励机制等。由于混合所有制改革是新时期国企深化改革的目标之一，本章从公司年报中手工收集了上市公司前十大股东性质数据并且考虑股东间的关联关系，以构造反映国企混合所有制改革现状的变量。其中，除了考虑国有控股股东和前十大股东中全部国有股东控制力度（SHR_SOE1th 和 SHR_SOE）外，还引入了第一大非国有股东的持股水平和前十大股东中非国有股东持股水平（$SHR\_NONSOE1th$ 和 SHR_NONSOE）。发展混合所有制，不能仅仅考察国企引入了多少非国有股东，还需要考察引入的非国有股东能否发挥应有的监督治理作用，第一大非国有股东的持股水平和前十大股东中非国有股东持股水平之和能够更全面地描述国企混合所有制改革的现状。此外，本章还进一步考虑了国有股东的股权制衡情况，我们不仅考察国有控股股东相对第一大非国有股东的持股水平（SHR_SOE1th_R3），还考察国有控股股东相对所有非国有股东的持股比例（SHR_SOE1th_R1 和 SHR_SOE1th_R2）。对于国企高层治理结构变量，我们从公司年报中的高管任职情况说明手工收集了股东委派高管数据，并构造了国有控股股东委派的董事比例（DIRECTOR_SOE1th）和董监高比例（DJG_SOE1th），以及相对应的非国有股东委派的董事比例（DIRECTOR_NONSOE）和董监高比例（DJG_NONSOE）。这一数据除了用于衡量国企市场化选聘高管的情况外，还可以反映国有上市公司中非国有股东能否实质性地参与到公司治理中去。为了尽可能全面地描述国企激励机制，本章选取了高管薪酬水平（LNMNGSALARY）、高管薪酬业绩敏感性（PPS）和内部薪酬差距（SALARYGAP），并使用高管持股水平（MNGSHR）衡量高管股权激励的程度。其他变量数据主要来源于 CSMAR 数据库。变量具体说明如表 6.3 所示。

表 6.3　　　　　　　　　　　　变量说明

	Variables	Definition
解释变量	FENLEI	国企分类哑变量，特定功能类国企赋值为1，商业竞争类赋值为0
股权结构	SHR_SOE1th	控股国有股东持股水平
	SHR_SOE1th_R1	控股国有股东相对持股水平1，等于 SHR_SOE1th /（1 - SHR_SOE1th）
股权结构	SHR_SOE1th_R2	控股国有股东相对持股水平2，等于 SHR_SOE1th - SHR_NONSOE
	SHR_SOE1th_R3	控股国有股东相对持股水平3，等于 SHR_SOE1th - SHR_NONSOE1th
	SHR_SOE	（前十大股东中）国有股东持股水平之和
	SHR_SOE_R1	（前十大股东中）国有股东相对持股水平1，等于 SHR_SOE/（1 - SHR_SOE）
	SHR_SOE_R2	（前十大股东中）国有股东相对持股水平2，等于 SHR_SOE - SHR_NONSOE1th
	SHR_NONSOE1th	第一大非国有股东持股水平
	SHR_NONSOE	（前十大股东中）非国有股东持股水平之和
高层治理结构	DIRECTOR_SOE1th	控股国有股东委派的董事比例
	DJG_SOE1th	控股国有股东委派的董监高比例
	DIRECTOR_SOE	（前十大股东中）全部国有股东委派的董事比例
	DJG_SOE	（前十大股东中）全部国有股东委派的董监高比例
	DIRECTOR_NONSOE	（前十大股东中）全部非国有股东委派的董事比例
	DJG_NONSOE	（前十大股东中）全部非国有股东委派的董监高比例

续表

	Variables	Definition
激励机制	SALARYGAP	薪酬差距，即 ln（高管平均薪酬 – 职工平均薪酬）
	SALARYGAP_R	薪酬差距，高管平均薪酬除以职工平均薪酬
	LNMNGSALARY	高管薪酬水平，即前三名高管薪酬的均值取对数
	PPS	高管薪酬业绩敏感性
	MNGSHR	高管持股水平
控制变量	SIZE	公司规模，企业总资产的自然对数
	LEV	资产负债率，企业总负债除以总资产
	TOP1	第一大股东持股比例
	GROWTH	成长性，公司主营业务收入增长率
	ROA	资产回报率
	BOARD	董事会规模
	INDEPENDENCE	独立董事比例

6.3.2 描述性统计分析

表 6.4 是变量的描述性统计结果。从股权结构的维度分析，我国国企国有股权仍存在"一股独大"的问题，混合所有制在国有上市公司的推行仍面临巨大的挑战。一方面，国有控股股东持股均值为 43%，如果考虑前十大股东中的全部国有股东持股，则国有持股高达 47%；另一方面，非国有股东的持股水平较低，第一大非国有股东持股均值为 5%，前十大股东中非国有股东的持股均值为 10%，非国有股东很难对国有股东进行制衡。从高层治理结构的维度进行分析的结果与股权结构类似。国有股东委派董事（或高管）的比例远大于非国有股东（国有股东委派董事比例为 34%，而非国有股东为 2%），表明非国有股东在国企决策和公司治理中无法起到实质性的影响。而且，非国有股东的持股均值远大于其委派的董事比例的均值，表明非国有股东在国有上市公司是"同股不同权"的，其股东权益没有得到应有的尊重。从国企内部激励机制来看，国有上市公司高管的平均薪酬为 494661 元，国企高管薪酬最大值和最小值分别为 2443267 元和 53356 元（未报告），两者相差 46 倍，说明国企高管间薪酬差距比较大。另一方面，国企高管人均薪酬大致是职工人均薪酬

的 6.5 倍，说明国有上市公司内部薪酬差距相对较大。此外，高管持股平均为 0.3%，凸显出国企员工持股水平较低，以及对高管股权激励的不足。

表 6.4　　变量描述性统计

变量	全样本			商业竞争类		特定功能类		差异
	样本数	平均值	标准差	样本数	平均值	样本数	平均值	
SHR_SOE1th	4122	0.432	0.153	2348	0.401	1774	0.474	−0.073***
SHR_SOE1th_R1	4122	0.927	0.666	2348	0.799	1774	1.096	−0.298***
SHR_SOE1th_R2	4122	0.336	0.194	2348	0.299	1774	0.384	−0.084***
SHR_SOE1th_R3	4122	0.384	0.175	2348	0.355	1774	0.424	−0.069***
SHR_SOE	4122	0.469	0.155	2348	0.431	1774	0.520	−0.088***
SHR_SOE_R1	4122	1.101	0.818	2348	0.913	1774	1.349	−0.436***
SHR_SOE_R2	4122	0.421	0.177	2348	0.385	1774	0.469	−0.085***
SHR_NONSOE1th	4122	0.048	0.069	2348	0.046	1774	0.050	−0.004
SHR_NONSOE	4122	0.097	0.089	2348	0.102	1774	0.090	0.012***
DIRECTOR_SOE1th	4131	0.310	0.173	2351	0.301	1780	0.322	−0.021***
DJG_SOE1th	4130	0.220	0.119	2350	0.209	1780	0.235	−0.027***
DIRECTOR_SOE	4131	0.344	0.173	2351	0.328	1780	0.364	−0.037***
DJG_SOE	4130	0.245	0.120	2350	0.227	1780	0.267	−0.040***
DIRECTOR_NONSOE	4131	0.023	0.062	2351	0.026	1780	0.018	0.009***
DJG_NONSOE	4118	0.015	0.040	2344	0.017	1774	0.013	0.004***
MNGSALARY	4453	494661	403293	2614	517878	1839	461661	56217***
LNMNGSALARY	4453	12.840	0.743	2614	12.842	1839	12.848	−0.006
MNGSHR	4421	0.002	0.009	2602	0.002	1819	0.001	0.001***
SALARYGAP	4263	12.55	0.927	2507	12.563	1756	12.530	0.032
SALARYGAP_R	4444	6.473	5.829	2608	7.301	1836	5.296	2.004***
SIZE	4464	22.32	1.354	2619	22.004	1845	22.769	−0.765***
LEV	4464	0.535	0.205	2619	0.535	1845	0.535	0.001
GROWTH	4464	0.196	0.513	2619	0.182	1845	0.216	−0.035**

续表

变量	全样本			商业竞争类		特定功能类		差异
	样本数	平均值	标准差	样本数	平均值	样本数	平均值	
ROA	4464	0.031	0.058	2619	0.028	1845	0.034	-0.006***
TOP1	4464	0.372	0.165	2619	0.342	1845	0.415	-0.073***
BOARD	4464	9.462	1.924	2619	9.131	1845	9.932	-0.802***
INDEPENDENCE	4464	0.368	0.055	2619	0.368	1845	0.368	0.000

注：***、** 分别表示在1%、5%水平上显著。

进一步区分国企类型进行描述性统计和均值差异分析，可以初步看出商业竞争类和特定功能类国企在公司治理上存在一定的差异。相对于商业竞争类国企，特定功能类国企的高管薪酬和管理者持股水平显著较低，且国有股东对特定功能类国企的控制力度更强，不仅表现为国有股东的持股水平更高，还表现为国有股东委派董事（或高管）的比例更高。此外，虽然商业竞争类国企的高管持股水平、非国有股东的持股水平和委派董事比例在均值上都显著高于特定功能类国企，但是两类国企在这几个方面的均值水平都较低，表明不管是商业竞争类还是特定功能类国企，都需要持续推行混合所有制改革和股权激励。

6.4 国有上市公司分类治理现状的经验证据

以下我们将通过大样本实证检验，分别从股权结构、高层治理结构和激励机制三个维度对国有上市公司分类治理的现状进行研究，分析其存在的问题并进行初步的评价。为此，我们设计了如下基本检验模型：

$$GOVERNANCE = \alpha_0 \times \alpha_1 \times FENLEI + \alpha_2 \times ROA + \alpha_3 SIZE + \alpha_4 \times LEV + \alpha_5 \times GROWTH + \alpha_6 \times TOP1 + \alpha_7 \times BOARD + \alpha_8 \times INDEPENDENCE + \gamma + \delta + \varepsilon \quad (6.1)$$

其中：$GOVERNANCE$ 衡量股权结构、高层治理和激励机制等指标变量。需要注意的是，当 $GOVERNANCE$ 衡量股权结构时，为了避免多重共线性，我们将 $TOP1$ 从模型中剔除；而当考察高管的薪酬业绩敏感性时，我们加入交叉变量 $FENLEI \times ROA$。为了控制年度、行业和地区等固定因素对公司治理的影响，本章在所有回归模型中控制了年度、行业和地区哑变量。此外，本章还对所有模型在怀特异方差标准误的基础上进行公司聚类处理，以得到更加稳健的结果。

6.4.1 国有上市公司是否在股权结构上呈现出分类治理差异

表 6.5 是对国有上市公司股权结构分类治理差异进行检验的结果。其中，列（1）中 *FENLEI* 变量的系数为 0.048，且在 1% 水平上显著正相关，表明国有控股股东对特定功能类国有上市公司的持股水平高于商业竞争类国企约 4.80%。即使考虑了除国有控股股东外其他股东的持股水平（*SHR_SOE1th_R1*）、第一大非国有股东的持股水平（*SHR_SOE1th_R2*）以及前十大股东中所有非国有股东的持股水平之和（*SHR_SOE1th_R3*），*FENLEI* 的系数仍然显著为正。当我们采用前十大股东中全部国有股东的持股水平时得到的结果（列 6 至列 8）也一致。此外，本章还采用 Logit 模型对国有控股股东持股水平和全部国有股东持股水平是否大于 50% 进行检验（列 2），结果显示政府对特定功能类国企更倾向于进行绝对控股。但是，当股权结构变量为第一大非国有股东持股水平（*SHR_NONSOE1th*）或前十大股东中非国有股东持股之和（*SHR_NONSOE*）时，*FENLEI* 的系数均不显著，说明不同类型国有上市公司在引入非国有股东方面不存在差异。结合表 6.4 的结果，*SHR_NONSOE1th* 和 *SHR_NONSOE* 在两类国有上市公司的值均比较低，说明非国有股东对国有股东的股权制衡能力在国有上市公司整体比较低下。

总的来说，不同类型的国有上市公司在股权结构上已初步具备一定的分类治理差异。对于特定功能类国有上市公司，由于其往往涉及国家经济安全，政府更倾向于对其进行绝对控股，这与表 6.1 的分类治理要求是一致的。然而，国有上市公司在引入非国有股东方面不存在显著差异，非国有股东的持股水平较低，混合所有制在国有上市公司的发展水平仍比较低下。这支持了国企改革过程中需继续加快混合所有制改革的观点。需要注意的是，非国有股东的持股水平较低，一方面可能是政府自身不愿意放权的结果，政府需要通过控制国有企业来满足其政治目标；另一方面也可能是民营股东采取"用脚投票"的一种理性行为。由于我国投资者保护水平较低，民营股东担忧其进入国企后自身权益无法得到有力的保障，因此选择不进入国有企业。

表 6.5 国企功能定位与股权结构

变量	(1) SHR_SOE1th	(2) SHR_SOE1th >50%	(3) 国有控股股东 SHR_SOE1th_R1	(4) SHR_SOE1th_R2	(5) SHR_SOE1th_R3	(6) (前十大) SHR_SOE	(7) 全部国有股东 SHR_SOE_R1	(8) SHR_SOE_R2	(9) 非国有股东 SHR_NONSOE1th	(10) SHR_NONSOE
FENLEI	0.048*** (3.11)	0.658*** (2.63)	0.183*** (2.81)	0.061*** (3.02)	0.054*** (2.93)	0.047*** (2.89)	0.233*** (2.68)	0.054*** (2.78)	-0.006 (-0.77)	-0.013 (-1.39)
SIZE	0.028*** (6.24)	0.433*** (5.61)	0.120*** (5.83)	0.014** (2.23)	0.013** (2.24)	0.028*** (6.39)	0.159*** (6.50)	0.013** (2.31)	0.014*** (5.59)	0.014*** (4.64)
LEV	-0.094*** (-3.47)	-1.249*** (-2.69)	-0.416*** (-3.72)	-0.084** (-2.33)	-0.073** (-2.20)	-0.09*** (-3.02)	-0.492*** (-3.60)	-0.063* (-1.89)	-0.022 (-1.60)	-0.011 (-0.70)
GROWTH	0.020*** (4.22)	0.249*** (3.76)	0.093*** (3.76)	0.017*** (2.59)	0.019*** (3.20)	0.024*** (4.92)	0.151*** (4.73)	0.023*** (3.74)	0.001 (0.49)	0.003 (0.89)
ROA	0.168** (2.18)	2.869** (2.07)	0.552 (1.64)	0.013 (0.13)	0.180* (1.95)	0.141* (1.88)	0.365 (0.94)	0.155* (1.73)	-0.014 (-0.36)	0.154*** (3.28)
BOARD	-0.006** (-2.11)	-0.038 (-0.97)	-0.014 (-1.08)	-0.006* (-1.75)	-0.006** (-1.99)	-0.001 (-0.42)	0.000 (0.00)	-0.002 (-0.60)	0.001 (0.60)	0.001 (0.38)
INDEPE-NDENCE	0.010 (1.14)	2.092 (1.61)	0.778* (1.85)	0.161 (1.44)	0.111 (1.09)	0.054 (0.61)	0.573 (1.13)	0.068 (0.66)	-0.016 (-0.41)	-0.063 (-1.36)
Constant	-0.193 (-1.59)	-9.932*** (-6.04)	-2.166*** (-4.08)	0.001 (0.00)	0.097 (0.66)	-0.151 (-1.22)	-2.738*** (-4.06)	0.138 (0.95)	-0.281*** (-4.89)	-0.19*** (-2.74)
Year/Industry/Province	Yes	Yes	Yes	Yes	Yes	Yes	Yes	Yes	Yes	Yes
Observations	4122	4118	4122	4122	4122	4122	4122	4122	4122	4122
Adj-R²/Pseudo R²	0.225	0.162	0.207	0.126	0.128	0.226	0.198	0.132	0.098	0.091

注：(1) ***、**、* 分别表示在 1%、5%、10% 水平上显著；(2) 括号为 t-value。

6.4.2 国有上市公司是否在高层治理结构上呈现出分类治理差异

表 6.6 表明国有上市公司在高层治理结构安排尚不存在显著的分类治理差异。在考虑了其他治理因素后，不同类型国有上市公司的第一大国有股东委派董事比例、全部国有股东委派董事比例以及全部非国有股东委派董事比例均没有显著差异性（尽管 *FENLEI* 系数的符号方向符合表 6.1 的分类治理要求）。首先，不同于股权结构表现出来的分类治理差异性结果，国有股东在委派董事比例方面并没有与其所持股权大小相匹配。其次，结合表 6.3 的结果，国有股东在两类国企中委派董事的比例均较高（约 30%），而非国有股东委派董事的比例则非常低（约 2%）。这一方面表明，股权结构的名义放权并未实质改变国有上市公司的控制权结构，通过委派董事，国有股东实质性地控制了国有上市公司；另一方面也印证了表 6.5 的结果，即由于非国有股东无法对国企决策和公司治理等产生实质性影响作用，非国有股东持股水平较低可能是其"用脚投票"的理性行为结果。以上问题在商业竞争类和特定功能类国有上市公司均存在。

表 6.6　　　　　　　　国企功能定位与高层治理结构

变量	（1） DIRECTOR_SOE1th	（2） DIRECTOR_SOE	（3） DIRECTOR_NONSOE
FENLEI	0.006 （0.34）	0.003 （0.18）	−0.003 （−0.46）
SIZE	0.014*** （2.77）	0.012** （2.38）	−0.003* （−1.67）
LEV	−0.010 （−0.31）	0.000 （0.01）	−0.004 （−0.35）
GROWTH	0.003 （0.56）	0.004 （0.71）	0.003 （1.57）
ROA	0.009 （0.12）	0.004 （0.05）	0.066** （2.04）
TOP1	0.178*** （5.29）	0.135*** （4.04）	−0.053*** （−4.28）

续表

变量	（1） DIRECTOR_SOE1th	（2） DIRECTOR_SOE	（3） DIRECTOR_NONSOE
BOARD	−0.003 （−0.97）	0.001 （0.43）	0.000 （0.30）
INDEPENDENCE	−0.339*** （−3.74）	−0.443*** （−4.95）	−0.090*** （−4.13）
Constant	0.010 （0.09）	0.115 （0.85）	0.135*** （3.39）
Year	Yes	Yes	Yes
Industry	Yes	Yes	Yes
Province	Yes	Yes	Yes
Observations	4131	4131	4131
Adjusted R^2	0.121	0.107	0.08

注：（1）***、**、* 分别表示在1%、5%、10%水平上显著；（2）括号为t-value。

6.4.3　国有上市公司是否在激励机制上呈现出分类治理差异

表6.7是对国企激励机制的分类治理状况进行检验的结果。列（1）、列（2）和列（3）均显著负相关，表明相对于商业竞争类国企，特定功能类国企的高管薪酬、薪酬业绩敏感性和内部薪酬差距均显著较低。在控制了其他因素之后，列（1）中FENLEI系数为 −0.151 且在1%水平上显著相关，说明商业竞争类国企高管的人均薪酬比特定功能类国企增长了近16.30%[①]；同理，列（3）中FENLEI系数大小为 −0.166 且在5%水平上显著相关，表明商业竞争类国企的内部薪酬差距增长了近18.06%，商业竞争类与特定功能类国企的激励机制差异也具有一定的经济显著性。然而，列（4）表明两类国企在管理层持股水平并无显著差异，国有上市公司对高管的股权激励普遍较低，国企（尤其是商业竞争类）需要继续推进高管股权激励机制。

---

① （e^0.151 -1）×100%=16.30%。

表 6.7　　　　　　　　　　国企功能定位与激励机制

变量	（1） LNMNGSALARY	（2） LNMNGSALARY	（3） SALARYGAP	（4） MNGSHR
FENLEI	−0.151*** (−2.96)	−0.124** (−2.34)	−0.166** (−2.38)	−0.003 (−0.85)
ROA	2.601*** (10.26)	2.950*** (10.14)	3.167*** (9.35)	0.025* (1.95)
FENLEI×ROA		−1.110** (−2.37)		
SIZE	0.245*** (15.84)	0.243*** (15.82)	0.280*** (13.08)	−0.000 (−1.25)
LEV	−0.163* (−1.91)	−0.174** (−2.05)	−0.111 (−0.94)	−0.007*** (−2.90)
GROWTH	−0.037** (−2.14)	−0.035** (−2.05)	−0.033 (−1.31)	0.000 (0.91)
TOP1	−0.561*** (−5.69)	−0.564*** (−5.73)	−0.866*** (−6.83)	−0.011*** (−3.44)
BOARD	0.011 (1.30)	0.011 (1.38)	0.011 (0.98)	−0.000 (−1.14)
INDEPENDENCE	−0.062 (−0.24)	−0.055 (−0.21)	−0.312 (−0.89)	−0.009 (−1.11)
Constant	6.998*** (19.45)	7.119*** (19.73)	5.923*** (14.12)	0.031*** (2.93)
Year	Yes	Yes	Yes	Yes
Industry	Yes	Yes	Yes	Yes
Province	Yes	Yes	Yes	Yes
Observations	4453	4453	4263	4424
Adjusted R^2	0.507	0.509	0.421	0.054

注：（1）***、**、*分别表示在1%、5%、10%水平上显著；（2）括号为t-value。

进一步，本章引入民营企业，以民营企业激励水平为基准，比较商业竞争类和特定功能类国企高管激励水平与民营企业的差异。为此，引入了两个新的变量 TDGN 和 SYJZ：当企业为特定功能类国有企业时，TDGN 赋值为 1，否则为 0；当企业为商业竞争类国有企业时，SYJZ 赋值为 1，否则为 0。表 6.8 的结果表明，特定功能类国企的高管薪酬和内部薪酬差距均显著低于民营企业（分别为 11.18% 和 17.94%），而商业竞争类国企在这两方面均与民营企业没有显著差异，甚至商业竞争类国企的高管薪酬业绩敏感性显著高于民营企业。因此，表 6.8 和表 6.7 的结果是一致的，我国国有上市公司的高管薪酬激励机制确实存在显著的差异性。此外，列（3）中 TDGN 和 SYJZ 的系数均显著为负，表明不管是特定功能类还是商业竞争类国企，其高管持股水平较民营企业均显著为低。从经济意义上看，国有上市公司高管持股大约低于民营企业高管持股 12.5%。

表 6.8　　　　　　　国企功能定位与激励机制（以民营企业为基准）

变量	（1）LNMNGSALARY	（2）LNMNGSALARY	（3）MNGSHR	（4）SALARYGAP
TDGN	−0.106*** （−3.15）	−0.113*** （−3.11）	−0.127*** （−20.82）	−0.165*** （−3.68）
SYJZ	0.0231 （0.82）	−0.0114 （−0.40）	−0.123*** （−22.41）	−0.0115 （−0.32）
ROA	1.858*** （13.75）	1.676*** （11.66）	0.0086 （0.41）	2.480*** （13.94）
TDGN×ROA		0.152 （0.39）		
SYJZ×ROA		1.188*** （4.49）		
SIZE	0.282*** （26.87）	0.281*** （26.86）	−0.0177*** （−10.42）	0.306*** （22.32）
LEV	−0.162*** （−3.73）	−0.165*** （−3.78）	−0.0775*** （−11.13）	−0.0882 （−1.54）
GROWTH	−0.0269*** （−2.90）	−0.0263*** （−2.84）	0.000932 （0.62）	−0.0316** （−2.23）
TOP1	−0.373*** （−6.04）	−0.373*** （−6.05）	0.174*** （13.88）	−0.554*** （−7.08）

续表

变量	（1） LNMNGSALARY	（2） LNMNGSALARY	（3） MNGSHR	（4） SALARYGAP
BOARD	0.0255*** (4.28)	0.0256*** (4.31)	0.000125 (0.14)	0.0300*** (3.87)
INDEPENDENCE	0.156 (0.88)	0.156 (0.88)	0.105*** (2.89)	0.202 (0.86)
Constant	5.930*** (17.04)	5.947*** (17.13)	0.332*** (4.65)	4.161*** (10.04)
Year	Yes	Yes	Yes	Yes
Industry	Yes	Yes	Yes	Yes
Province	Yes	Yes	Yes	Yes
Observations	15642	15642	15660	14762
Adjusted R^2	0.533	0.534	0.363	0.442

注：(1) ***、** 分别表示在1%、5%水平上显著；(2) 括号为t-value。

结合表6.7和表6.8的实证结果，我们发现：商业竞争类和特定功能类国有上市公司在高管激励机制上基本符合表6.1的分类治理要求。在本章的研究期间内，相对于特定功能类国有上市公司，商业竞争类国有上市公司的高管薪酬激励机制总体上更加符合市场化的激励制度安排。然而，国有上市公司对高管的长期激励不足，高管持股水平普遍较低可能诱发高管的腐败或短视行为。

6.4.4 敏感性分析

为了检验上述结论的稳健性，本章做了如下敏感性检验（未报告）：(1) 在股权结构方面，使用最终控制人控制权和所有权得到的结果与表6.5一致。(2) 在高层治理结构方面，使用了股东委派董监高的比例得到的结果与表6.6一致。此外，使用国有控股股东是否委派董事长或者总经理哑变量进行的Logit回归结果也没有发现显著差异。(3) 在国企激励机制方面，使用所有董事、监事及高管（董监高）的年薪总额（不包含独立董事、独立监事领取的津贴）替代高管薪酬得到的结果不变；在衡量国企内部薪酬差距时，我们参照刘春和孙亮（2010）的做法，剔除养老保险金等社会基本保障费用后的职工净薪酬总额来计算企业内部薪酬差额，得到的结果也一致。(4) 将功能定位模糊的样本划归到商业竞争类国企后重新进行回归得到的结果不变。基于上述敏感性分析，我们认为，前面的结论是比较稳健的。

6.4.5 小结

综上所述，在后股权分置改革时期，我国国有上市公司已经初步呈现出一定的分类治理差异。在股权结构方面，国有股东对特定功能类国有上市公司的控制力度更强，更倾向于对其绝对控股；而在激励机制方面，相对特定功能类国有上市公司，商业竞争类国有上市公司的薪酬制度更加市场化。但是，国有上市公司在分类治理上也存在明显不足。在对企业决策产生实质性影响的高层治理结构上，国有股东通过委派高管实质性地控制了特定功能类和商业竞争类国有上市公司，两者没有表现出显著的差异。这在一定程度上可能导致了非国有股东因担心自身利益无法得到保证而对参与国企混合所有制改革缺乏热情，两类国企在引入非国有股东和非国有股东委派董事方面没有表现出显著的差异。同时，两类国企在高管股权激励方面均做得不够，也没有表现出显著的差异。

6.5 进一步研究：政府控制层级和时间趋势

本部分将分别从政府控制层级和分类改革进程出发，进一步对国企分类治理进行研究。

6.5.1 政府控制层级与国企分类治理

尽管前面的证据表明我国国有上市公司已初步呈现出一定的分类治理差异，但国有上市公司受到政府控制的层级不同，其在推进分类改革上也可能存在差异。由于所受约束、政府干预程度以及经营目标市场化程度的差异，不同政府层级控制的国企其行为也不尽相同。例如，方军雄（2009）研究发现，相比地方政府控制的国企，中央政府控制的国企高管薪酬绝对水平和薪酬业绩敏感性均显著更低。本章接下来将进一步区分不同政府层级控制的国有上市公司，对其分类治理的现状进行分析。

参照夏立军和方轶强（2005）和方军雄（2009）的做法，本章将最终控制人为国资委、财政部等中央机构，中央直属国有企业以及部属院校的上市公司划分为中央国有上市公司；将最终控制人为省级政府及其机关部门和省国资委的上市公司，划分为省属国有上市公司；其余的划分为其他国有上市公司（省级以下政府控制）。表6.9是在区分了政府控制层级后不同类型国企的分布情况。其中，对于中央国企，特定功能类国企较多，而省属国企和其他国企则是商业竞争类企业较多，省级以下国有上市公司的商业竞争类企业占比甚至高达74%。

表6.9 政府控制层级与不同类型国企分布

国企类型	中央国企	省属国企	其他国企	总计
商业竞争类	697	796	1126	2619
特定功能类	758	682	405	1845
总计	1455	1478	1531	4464

表6.10是分政府控制层级对主要变量的描述性统计结果。总的来说，国有股东对省属国企的控制力度最大，中央国企次之，而省以下国企的持股水平最低。从股权结构看，国有控股股东对省属国企的持股水平平均为45%，对中央国企为44.5%，而对其他国企则只有40%。从高层治理结构来看，在省属国企和中央国企中，国有股东委派董事的比例平均为34%，而其他国企则降低至25.3%。同时，在省属国企中，第一大非国有股东的持股或非国有股东持股之和，以及非国有股东委派高管的比例均在国有上市公司处于最低的水平。从激励机制看，中央国企的高管薪酬和内部薪酬差距分别显著高于省属国企大约17.5%和28.9%。高管持股水平在中央国企最高（0.4%），省以下国企次之（0.3%），省属国企最低（0.1%），尽管如此，高管股权激励在所有国企中仍普遍较低。

表6.10 政府控制层级与主要变量的描述性统计

变量	(1)中央国企		(2)省属国企		(3)其他国企		均值之差	
	家数	平均值	家数	平均值	家数	平均值	(1)~(2)	(2)~(3)
SHR_SOE1th	1342	0.445	1407	0.45	1373	0.401	−0.005	0.049***

续表

变量	(1)中央国企		(2)省属国企		(3)其他国企		均值之差	
	家数	平均值	家数	平均值	家数	平均值	(1)~(2)	(2)~(3)
SHR_SOE1th_R1	1342	0.969	1407	1.001	1373	0.804	-0.032	0.197***
SHR_SOE1th_R2	1342	0.343	1407	0.368	1373	0.295	-0.025***	0.074***
SHR_SOE1th_R3	1342	0.391	1407	0.408	1373	0.354	-0.018***	0.054***
SHR_SOE	1342	0.482	1407	0.491	1373	0.434	-0.009	0.057***
SHR_SOE_R1	1342	1.154	1407	1.206	1373	0.94	-0.052	0.266***
SHR_SOE_R2	1342	0.427	1407	0.449	1373	0.387	-0.021***	0.062***
SHR_NONSOE1th	1342	0.055	1407	0.041	1373	0.047	0.014***	-0.006**
SHR_NONSOE	1342	0.102	1407	0.081	1373	0.107	0.021***	-0.025***
DIRECTOR_SOE1th	1343	0.34	1412	0.337	1376	0.253	0.003	0.084***
DJG_SOE1th	1343	0.238	1412	0.241	1375	0.182	-0.003	0.059***
DIRECTOR_SOE	1343	0.373	1412	0.375	1376	0.282	-0.002	0.093***
DJG_SOE	1343	0.263	1412	0.269	1375	0.202	-0.006	0.067***
DIRECTOR_NONSOE	1343	0.023	1412	0.016	1376	0.029	0.007***	-0.014***
DJG_NONSOE	1340	0.015	1406	0.01	1372	0.02	0.005***	-0.009***
LNMNGSALARY	1453	12.957	1475	12.796	1526	12.766	0.161***	0.03
MNGSHR	1442	0.004	1460	0.001	1523	0.003	0.003***	-0.002***
SALARYGAP	1392	12.699	1394	12.445	1478	12.49	0.254***	-0.045

注：***、**分别表示在1%、5%水平上显著。

按照前面的回归模型，我们分政府控制层级分别进行回归后得到的结果如表6.11和表6.12所示。表6.11是区分政府控制层级对国有上市公司激励机制分类治理检验的结果。我们发现，只有在中央和省属国企层面，激励机制才表现出一定的分类治理差异，而且中央国企的差异性特征更大。在高管薪酬和薪酬内部差距方面，特定功能类的中央国企比商业竞争类中央国企分别下降了31.13%和35.53%，在省属国企中，特定功能类比商业竞争类分别下降了20.44%和26.49%。此外，特定功能类央企的薪酬业绩敏感性显著低于商业

表 6.11 政府控制层级和国企激励机制的分类治理

变量	(1)	(2)	(3)	(4)	(5)	(6)	(7)	(8)	(9)	(10)	(11)	(12)
	LNMNGSALARY			LNMNGSALARY			MNGSHR			SALARYGAP1		
	中央国企	省属国企	其他国企	中央国企	省属国企	其他国企	中央国企	省属国企	其他国企	中央国企	省属国企	其他国企
FENLEI	-0.271***	-0.186**	0.059	-0.238***	-0.170*	0.074	-0.010	0.001	0.002	-0.304***	-0.235*	0.0433
	(-3.33)	(-1.98)	(0.59)	(-2.77)	(-1.80)	(0.72)	(-1.36)	(0.14)	(0.45)	(-2.82)	(-1.92)	(0.33)
ROA	2.680***	1.696***	2.990***	3.269***	1.960***	3.062***	0.015	0.009	0.045**	3.113***	2.086***	3.792***
	(6.75)	(4.24)	(6.41)	(7.07)	(4.09)	(5.99)	(0.55)	(1.27)	(2.22)	(6.34)	(3.56)	(6.00)
FENLEI×ROA				-1.312*	-0.787	-0.536						
				(-1.88)	(-1.11)	(-0.65)						
SIZE	0.200***	0.221***	0.343***	0.199***	0.222***	0.343***	-0.001	0.000	-0.001	0.227***	0.248***	0.387***
	(7.08)	(9.28)	(12.15)	(7.10)	(9.31)	(12.07)	(-1.30)	(0.19)	(-0.64)	(6.48)	(7.17)	(10.27)
LEV	-0.118	-0.296**	-0.136	-0.138	-0.302**	-0.141	-0.011*	-0.001	-0.009*	-0.142	-0.240	0.018
	(-0.81)	(-2.09)	(-0.85)	(-0.96)	(-2.12)	(-0.88)	(-1.87)	(-0.16)	(-1.88)	(-0.72)	(-1.12)	(0.08)
GROWTH	-0.092**	-0.023	-0.036	-0.093**	-0.022	-0.035	-0.000	0.001	0.001	-0.050	-0.011	-0.072*
	(-2.16)	(-1.00)	(-1.37)	(-2.15)	(-0.55)	(-1.32)	(-0.33)	(1.24)	(0.98)	(-1.05)	(-0.31)	(-1.66)
TOP1	-0.089	-0.476***	-0.792***	-0.0775	-0.491***	-0.792***	-0.007	-0.007	-0.017***	-0.334	-0.695***	-0.960***
	(-0.47)	(-2.98)	(-4.72)	(-0.41)	(-3.10)	(-4.73)	(-0.87)	(-1.56)	(-2.69)	(-1.35)	(-3.37)	(-4.48)
BOARD	0.015	-0.005	0.011	0.016	-0.004	0.011	0.001*	-0.000	-0.001*	0.026	-0.009	0.003
	(1.20)	(-0.38)	(0.69)	(1.28)	(-0.33)	(0.70)	(1.79)	(-1.11)	(-1.74)	(1.54)	(-0.48)	(0.14)

续表

变量	(1)	(2)	(3)	(4)	(5)	(6)	(7)	(8)	(9)	(10)	(11)	(12)
	LNMNGSALARY			LNMNGSALARY			MNGSHR			SALARYGAP1		
	中央国企	省属国企	其他国企	中央国企	省属国企	其他国企	中央国企	省属国企	其他国企	中央国企	省属国企	其他国企
INDEPE-NDENCE	−0.752*	−0.170	−0.205	−0.741*	−0.177	−0.200	−0.0051	−0.004	−0.032***	−0.826	−0.875	−0.505
	(−1.67)	(−0.44)	(−0.46)	(−1.66)	(−0.45)	(−0.45)	(−0.17)	(−0.48)	(−2.66)	(−1.43)	(−1.48)	(−0.87)
Constant	7.624***	8.331***	5.239***	7.673***	8.337***	5.275***	0.024	0.008	0.074***	8.009***	8.510***	3.089***
	(12.46)	(14.19)	(7.35)	(12.63)	(14.21)	(7.32)	(0.86)	(1.05)	(2.67)	(12.71)	(10.72)	(3.78)
Year/Industry/Province	Yes	Yes	Yes	Yes	Yes	Yes	Yes	Yes	Yes	Yes	Yes	Yes
Observations	1453	1474	1526	1453	1474	1526	1442	1459	1523	1392	1393	1478
Adjusted R^2	0.538	0.52	0.594	0.541	0.521	0.594	0.105	0.055	0.156	0.506	0.395	0.52

注: (1) ***, **, * 分别表示在1%、5%、10%水平上显著; (2) 括号内为t-Value。

表6.12 政府控制层级和国企股权结构的分类治理

变量	(1)	(2)	(3)	(4)	(5)	(6)	(7)	(8)	(9)	(10)	(11)	(12)
	SHR_SOE1th			SHR_SOE			SHR_NONSOE1th			SHR_NONSOE		
	国企	省属国企	其他国企	中央国企	省属国企	其他国企	中央国企	省属国企	其他国企	中央国企	省属国企	其他国企
FENLEI	0.011	0.075**	0.042	0.008	0.070**	0.053	−0.007	−0.025**	0.021	−0.013	−0.046***	0.030
	(0.48)	(2.46)	(1.42)	(0.34)	(2.47)	(1.38)	(−0.50)	(−2.11)	(1.15)	(−0.85)	(−3.04)	(1.23)

续表

变量	(1)	(2)	(3)	(4)	(5)	(6)	(7)	(8)	(9)	(10)	(11)	(12)
	SHR_SOE1th			SHR_SOE			SHR_NONSOE1th			SHR_NONSOE		
	国企	省属国企	其他国企	中央国企	省属国企	其他国企	中央国企	省属国企	其他国企	中央国企	省属国企	其他国企
SIZE	0.040***	0.014	0.014	0.038***	0.017**	0.015	0.016***	0.016***	0.008**	0.014***	0.018***	0.012**
	(6.03)	(1.64)	(1.35)	(5.94)	(2.03)	(1.39)	(3.74)	(3.43)	(2.13)	(2.92)	(3.80)	(2.25)
LEV	-0.133***	-0.021	-0.109**	-0.139***	0.005	-0.093*	-0.045*	-0.010	0.005	-0.027	-0.013	0.010
	(-3.15)	(-0.44)	(-2.27)	(-3.15)	(0.10)	(-1.92)	(-1.84)	(-0.61)	(0.25)	(-0.91)	(-0.60)	(0.36)
GROWTH	0.030***	0.014**	0.008	0.037***	0.014**	0.012	-0.003	0.005	0.001	-0.004	0.009*	0.004
	(3.25)	(2.28)	(1.14)	(4.20)	(2.04)	(1.47)	(-0.94)	(1.44)	(0.58)	(-0.96)	(1.95)	(0.84)
ROA	0.086	0.223	0.225*	0.033	0.254*	0.202*	-0.048	-0.058	0.066	0.098	0.051	0.282***
	(0.78)	(1.55)	(1.85)	(0.31)	(1.90)	(1.69)	(-0.79)	(-1.04)	(1.19)	(1.32)	(0.80)	(3.35)
BOARD	-0.001	-0.005	-0.009*	0.008**	-0.002	-0.005	0.004	-0.001	0.002	0.005	-0.002	0.003
	(-0.32)	(-1.09)	(-1.93)	(2.03)	(-0.43)	(-1.02)	(1.50)	(-0.48)	(0.71)	(1.63)	(-1.08)	(0.76)
INDEPENDENCE	-0.175	0.106	0.030	-0.144	0.061	-0.022	0.009	0.015	-0.029	-0.018	-0.022	-0.090
	(-1.29)	(0.75)	(0.25)	(-1.05)	(0.43)	(-0.16)	(0.12)	(0.25)	(-0.42)	(-0.22)	(-0.37)	(-1.02)
Constant	-0.073	-0.051	0.280	-0.150	-0.187	0.157	-0.397***	-0.256**	-0.021	-0.325***	-0.194	-0.027
	(-0.54)	(-0.25)	(1.12)	(-1.14)	(-0.93)	(0.61)	(-4.58)	(-2.27)	(-0.19)	(-3.52)	(-1.56)	(-0.17)
Year/Industry/Province	Yes	Yes	Yes	Yes	Yes	Yes	Yes	Yes	Yes	Yes	Yes	Yes
Observations	1342	1407	1373	1342	1407	1373	1342	1407	1373	1342	1407	1373
Adjusted R^2	0.369	0.326	0.264	0.361	0.332	0.241	0.18	0.172	0.156	0.144	0.209	0.184

注：***、**、* 分别表示在 1%、5%、10% 水平上显著；(2) 括号内为 t-Value。

竞争类央企，而省属国企在薪酬业绩敏感性方面则不存在显著差异。在高管股权激励方面，不同政府控制层级的国企均没有表现出分类治理的差异。表6.12是区分政府控制层级对股权结构分类治理检验的结果。其中，只有在省属国有上市公司才表现出分类治理的显著差异。在省属国企层面，国有股东对特定功能类国企的持股水平更高，并且非国有股东的持股水平更低。我们还区分政府控制层级对高层治理结构进行检验（结果未报告），在不同政府控制层级下，特定功能类和商业竞争类的国企均没有表现出相应的分类治理差异。

因此，不同政府层级控制的国有上市公司，在推进分类治理的进程上存在一定的差异。综合表6.11和表6.12的结果，省属国有上市公司在分类治理上走在前列。原因主要有：第一，在政府官员晋升"锦标赛"机制的影响下，中央政府通常会更多地关心就业、福利和稳定等社会目标，中央国企的市场化程度要低于地方国企；第二，在分类改革政策提出之后，各地于2013~2014年相继出台了一系列国资改革意见指导文件，[①]而全国性的国资改革指导文件则至2015年底才最终出台；第三，中央国企一般规模更大，经营的业务更加复杂且牵涉更多方面的利益，因此改革的难度相对更大。

6.5.2 国企分类治理的时间趋势

国企分类的概念尽管早已受到一些学者的关注，但国企分类监管和分类治理的思路是在2011年起才受到政府部门的关注。2011年3月，"十二五"规划纲要提出要探索实行公益性和竞争性国有企业的分类管理目标。2013年，十八届三中全会通过的《中共中央关于全面深化改革若干重大问题的决定》首次提出应当"准确界定不同国有企业功能"，分类推进国企改革。国有上市公司分类治理的差异性特征是否随着分类改革的推行而更加明显？对这一问题的回答将有助于我们认识国企分类改革发展的脉络。因此，我们分年度对基本检验模型进行回归，表6.13主要报告了相应解释变量的系数大小和显著性。

---

① 自2013年12月17日上海率先出台国资改革意见以来，截至2014年8月底，全国已有包括上海、北京、广东、天津和重庆等在内的16省（市）公布了国企改革意见。

表 6.13　　　　　　　　　分年度回归得到的 FENLEI 变量的系数

因变量	2008 年	2009 年	2010 年	2011 年	2012 年	2013 年
	A 栏：国企股权结构分类治理的时间趋势					
SHR_SOE1th	0.043**	0.057***	0.052***	0.042**	0.043**	0.054***
SHR_NONSOE1th	−0.008	−0.005	−0.007	−0.005	−0.004	−0.007
	B 栏：国企高层治理结构分类治理的时间趋势					
DIRECTOR_SOE1th	−0.026	0.015	0.015	0.003	0.005	0.019
DIRECTOR_NONSOE	−0.005	0.005	−0.002	−0.005	−0.001	−0.005
	C 栏：国企激励机制分类治理的时间趋势					
LNMNGSALARY	−0.111	−0.080	−0.153**	−0.240***	−0.164***	−0.155***
PPS	−0.638	−1.440	−1.667	−0.040	−1.404**	−2.109**
SALARYGAP	−0.068	−0.023	−0.152	−0.281***	−0.239***	−0.228***

注：(1) ***、** 分别表示在 1%、5% 水平上显著；(2) 出于节省篇幅的考虑，这里只报告了回归模型中 FENLEI 变量的系数；(3) 股权结构和高层治理结构使用其他衡量指标变量得到的结果类似，这里不另报告。

我们发现：首先，从国企股权结构分类治理的分年度回归结果（A 栏）看，国有控股股东对特定功能类国企的持股水平相对商业竞争类国企的差异比较稳定，均保持在 5% 左右；同样，特定功能类和商业竞争类国企在引进非国有股东方面也不存在时间效应，且始终不显著。其次，分年度对国企高层治理结构的分类治理回归的结果（B 栏）也没有发现不同类型国企存在显著的差异性。最后，在国企高管薪酬（LNMNGSALARY）、薪酬业绩敏感性（PPS）和薪酬内部差距（SALARYGAP）方面（C 栏），特定功能类国企在 2008～2013 年的值均低于商业竞争类国企，只有在 2011 年，以上结果才存在显著的差异性，而且回归系数的绝对值大小在 2011 年之后相对大于 2011 年之前。这一结果与前文描述的国企分类改革发展的制度背景相吻合。一方面，20 世纪 90 年代开始的国企股份制改革使得国企发展混合所有制成为可能，2005 年启动的股权分置改革也进一步提高了国有股本的流动性。1999 年十五届四中全会确定了国企经济布局和结构的战略性调整之后，国有资本逐步向关系国民经济命脉的重要行业和关键领域集中，而在一般竞争性行业中则逐步退出。因此，国企在股权结构上较早存在分类治理的差异；另一方面，国企高管薪酬和内部薪酬差距一直是社会舆论的焦点。2011年国企分类改革的持续升温使得政府逐渐对国企激励机制采取因"类"制宜政策[①]，故国企激励机制在2011年后才逐渐显现出分类治理的差异。值得政策制定者关注的是，在国企高层治理结构方面，不同类型国企始终没有表现出显著的分类治理差异。这表明国有股东始终不愿意放弃对国企高管的人事任免权，行政化的国企领导选聘制度一直是我国国企治理的"顽疾"。

6.6 研究结论与启示

分类监管和治理是现阶段深化国企分类改革的基本目标。充分认识我国国企分类治理的现状及其存在的问题，对完善国企分类改革政策具有重大的现实意义。我们选取了后股权分置改革时期（2008~2013年）的国有上市公司为样本，从股权结构、高层治理结构和激励机制三个维度，系统地研究我国国企分类治理的现状，分析其存在的问题并做出初步的评价。我们发现：（1）总体上，我国国有上市公司在股权结构和激励机制方面已初步具备一定的分类治理差异，而在对企业决策更具实质性影响的高层治理结构安排却仍没有显著的治理差异。（2）从企业所属层级看，省属国有上市公司在股权结构和激励机制方面均已呈现出一定的分类治理差异。中央控制的上市公司只在高管激励机制上存在一定的分类治理差异，而省级以下国有上市公司不存在任何分类治理的差异。（3）从时间序列上看，国有股东对国有上市公司的持股结构已经显现出初步的分类治理差异且比较稳定，国有上市公司的激励机制从2011年中央加快国企分类改革后才开始呈现出显著的分类治理差异，而高层治理结构安排却始终不存在分类治理差异。

前面的分析和发现对我国推行国企分类改革至少可带来以下的启示。

6.6.1 因类制宜，分类推进混合所有制

我们的研究发现，国有股东在国有企业的持股水平普遍很高且只在省属

---

① 2013年，国务院颁布的《关于深化收入分配制度改革的若干意见》把国企薪酬改革列为"收改"的重点。2014年出台的《中央管理企业主要负责人薪酬制度改革方案》提出要坚持央企负责人的分级分类管理，并"建立与国企功能性质相适应的差异化薪酬方法"，以有效解决央企高管激励不足或不合理的问题。地方国企负责人的薪酬改革思想需要参照央企负责人薪酬改革方案制定。

国企存在分类治理的差异，非国有股东持股水平普遍较低且不存在显著的分类治理差异。目前国资管理部门只看到混合所有制在我国国企的实施力度较低的事实，却没有强调在推进混合所有制时要因类制宜。对于商业竞争类国企，政府应该加大力度引进非国有产权治理主体，充分发挥其监督和制衡作用，改善公司治理质量。与此同时，发展混合所有制需要避免国有资产的流失。在中国弱产权保护的制度背景下，为了追求个人私利最大化，非国有股东可能利用制度漏洞掏空国有资产。为了保障国企混合所有制改革的顺利推进，也需要出台相应的预防和监督机制，抑制非国有股东的投机行为。

6.6.2 着力决策权配置改革，分类优化国企高层治理结构

我们发现，在高层治理结构方面，代表非国有股东的高管比例普遍偏低，且不同类型的国企也不存在显著的差异性，表明我国现阶段的混合所有制只追求"形似而神不似"。目前舆论强调的混合所有制仅仅停留在企业股权性质的混合，忽略了混合所有制的根本目的是发挥非国有产权主体的治理作用，推进决策权配置改革。只有实现企业内部高层治理结构的"混合"，才能切实发挥混合所有制的治理作用。因此，保障非国有股东委派高管的权利，增强其在高层决策中的话语权，一方面可以实现企业内部决策主体的"混合"，形成多元制衡机制，有效避免企业被内部人控制，另一方面能够实现国资监管思路从"管人管事管资产"向"管资本"的转变，减少政府对企业的干预。

6.6.3 突破长效激励，分类完善薪酬激励机制

尽管目前我国国有上市公司在薪酬激励机制方面已存在分类治理的差异，但在实施高管股权激励方面却普遍低下且不存在显著的分类治理差异。国有企业实现成功的所有制改造绝非仅仅将所有权从政府转移给非国有股东那么简单，企业的经营决策权还应该从政府转移给专业的管理层，并构建合理的管理层激励和约束机制。当前我国国企高管腐败问题突出的一个很重要的原因就在于国企高管的长期激励偏低。因此，突破长效激励（尤其对商业竞争类国企而言），加快分类完善薪酬激励机制仍然很有必要。当然，国企在推行股权激励过程中也需要防止"内部人控制"对国有资产的侵占，否则高管股权激励可能成为国企高管变相收购的一种手段，造成国有资产的流失。

国企改革至今已走过了40年，改革的思路与当前提出的分类改革是一脉相承的。十八届三中全会以来，政府重新强调国有企业改革，国企分类改革成为改革的重点。在推进分类改革进程中，应该也必须先认清当前国企分类改革的程度以及存在哪些问题，以制定更有针对性的分类改革政策。本书为摸清我国国企分类改革的现状提供了大样本的经验证据，并提出了相应的政策启示，期待能给相关改革设计者提供一些参考。

本章主要参考文献

［1］方军雄："我国上市公司高管薪酬存在粘性吗"，载于《经济研究》，2009年第3期。

［2］高明华："国有经济战略性调整应坚持的基本思路"，载于《前线》，2013年第5期。

［3］高明华、杨丹、杜雯翠、焦豪、谭玥宁、苏然、方芳、黄晓丰："国有企业分类改革与分类治理——基于七家国有企业的调研"，载于《经济社会体制比较》，2014年第2期。

［4］黄群慧、余菁："新时期的新思路：国有企业分类改革与治理"，载于《中国工业经济》，2013年第11期。

［5］刘春、孙亮："薪酬差距与企业绩效：来自国企上市公司的经验证据"，载于《南开管理评论》，2010年第2期。

［6］林毅夫、蔡方、李周：《中国的奇迹：发展战略与经济改革》，上海三联书店1994年版。

［7］罗新宇、上海国有资本运营研究院：《国有企业分类与分类监管》，上海交通大学出版社2014年版。

［8］潘红波、余明桂："政治联系、寻租与地方政府财政补贴有效性"，载于《经济研究》，2010年第3期。

［9］魏峰、荣兆梓："竞争性领域国有企业与非国有企业技术效率的比较和分析——基于2000~2009年20个工业细分行业的研究"，载于《经济评论》，2012年第3期。

［10］杨瑞龙、张宇、韩小明、雷达："国有企业的分类改革战略"，载于《教学与研究》，1998年第2~3期。

［11］杨瑞龙："国有企业的重新定位及分类改革战略的实施"，载于《国企》，2013年第7期。

［12］岳希明、李实、史泰丽："垄断行业高收入问题探讨"，载于《中国社会科学》，2010年第3期。

［13］余菁："走出国有企业理论纷争的丛林：一个关于国有企业目标、绩效和治理问题的综合分析"，载于《中国工业经济》，2008年第1期。

［14］夏立军、方轶强："政府控制、治理环境与公司价值——来自中国证券市场的经验证据"，载于《经济研究》，2005年第5期。

［15］夏纪军、张晏："控制权与激励的冲突——兼对股权激励有效性的实证分析"，载于《经济研究》，2008年第3期。

［16］中国社会科学院工业经济研究所课题组、黄群慧、黄速建："论新时期全面深化国有经济改革重大任务"，载于《中国工业经济》，2014年第9期。

［17］张政军、王怀宇："应对国有企业分类行使所有权"，载于国务院发展研究中心《调查研究报告》，2009年第179号。

［18］叶林、祥李实、罗楚亮："行业垄断、所有制与企业工资收入差距——基于第一次全国经济普查企业数据的实证研究"，载于《管理世界》，2011年第4期。

［19］徐细雄、刘星："放权改革、薪酬管制与企业高管腐败"，载于《管理世界》，2013年第1期。

［20］Aharoni, Yair, 1981, Performance evaluation in state-owned enterprises, Management Science 29(11).

［21］Groves, Theodore, Yongmiao Hong, John Millan, Barry Naughton, 1994, Autonomy and incentives in Chinese state enterprises, The Quarterly Journal of Economics 1, vol.109, pp.183-209.

［22］Lin Justin Y.F., Cai Fang, Li Zhou, 1998, Competition, Policy Burdens, and State-Owned Enterprise Reform, The American Economic Review 2, vol.88, pp.422-427.

［23］Lin Justin Y.F., Tan G., 1999, Policy Burdens, Accountability and Soft Budget Constraint, The American Economic Review, vol.89.

［24］Kornai J., 1979, Resource-Constrained versus Demand-Constrained

Systems, Econometrica 4, vol.47, pp.801–819.

［25］Megginson W. L., Netter J. M., 2001, From State to Market: A Survey of Empirical Studies on Privatization 2, vol.39, pp.321–389.

［26］Boycko, M., Shleifer, A., Vishny, R., "A Theroy of Privatization" The Econcmic Journal, vol.106(1996), pp.309–319.

［27］Vernon, Raymond, 1979, the international aspect of state-owned enterprises, Journal of International Business Studies 10 (3).

［28］Whicop Michael J., 高明华译校, Corporate Governance in Government Corporations, 经济科学出版社2010年版。